图解台湾民俗

传递台湾最暖人情味

李文环 林怡君 著

三　娃 余正隆 绘

Taiwan Folk Custom

陕西新华出版传媒集团

陕西人民出版社

第 ② 章 人生仪礼篇

第 **3** 章　日常生活篇

《图解台湾民俗》
——每个台湾人都该有的一本书

　　两年前，家中迁居至大稻埕，巷口就有间著名的寺庙，因此常看到阵头绕境，或是得要带着朋友去周遭寺庙逛逛。但说来惭愧，虽然我也写过台湾史相关书籍，对于进了庙该怎么拜、为什么这样拜、到底在拜什么等，却是一窍不通，只是"拿香跟着拜"，或是在群众中单纯看热闹者之一。

　　同样的，随着年纪渐增，时常会碰到一些"生老病死"的仪式。不管是婚礼、丧礼或逢小孩出生，伴随而来是许许多多的规矩，当时只觉得烦琐，殊不知这些仪式的用心及演变，也只能跟随着媒婆、礼仪公司、街坊邻居的指导，说什么做什么。

　　关于这些节日、礼节、仪式，我也曾想找本书籍来参考了解，但坊间书籍总过于烦琐，从源流、派别细细交代，固可对某种礼节或仪式有深入了解，但却流于"见树不见林"，只知其一、不知其二，不仅无法窥得台湾民俗的全貌，也无法了解老祖先们为何在此时此刻祭拜这位神祇，更不实用。

　　在看完李文环教授、林怡君老师新书《图解台湾民俗》后，终于让我长年来的疑问获得解答。本书以节日、人生仪礼、日常生活三大部分来讲述台湾的民俗，每个小单元，短短字数内即可告诉读者这个节日或仪式为何而来、流变为何，今日该如何因应，且一年三百六十五天，时时刻刻遇到的问题，都能在这本书中找到答案。所谓的"深入浅出"，说来简单，在撰写上非常困难，而本书却轻易完成。

　　我们常说台湾人"不可不知台湾史"，但身处台湾，先人留下陪伴我们每日生活的智慧，可能更为重要，"身为台湾人，不可不知台湾民俗"，就让我们从这本书开始吧！

知名台湾史作家　王御风

民俗，相信一般人对它感到熟悉，却又难以具体说出一番道理。这是因为，它是从生活中展演出来的知识和智慧，通常以口头、风俗结合当地特有物质或精神，以约定俗成的默契，从而形成动态多样化的文化行动或现象。光是动态多样化，就足以令人难以捉摸了，正因如此，民俗深具活力与魅力。

有关台湾民俗的书籍，汗牛充栋。学术研究、采风文篇或报导手札，通论、专书、专题或文学书写，不一而足。笔者何以不揣孤陋，撰写这样一本满满"俗"气却诚意十足的图文书？知性轻阅读、结构新感知，以轻松笔调提供台湾民俗的认知架构和索引，这是笔者的心意与企盼。

人同自然、人对生命、人与社会，这是人类生存亘古的课题。台湾民俗大体也可以从这三个方面来结构对它的认知，从而将丰富却繁杂的内容归纳为岁时节俗、生命礼俗和生活习俗三大类。

岁时节俗是以农业社会宇宙观为基础所形成的生活哲学。农业社会中，人与自然互动密切，先人感知自然律动、体认宇宙奥秘，从而理出一套解释自然运行的知识，历法是这套知识的指南，进而结构出人们的作息与文化。十二月令也好，岁时节俗也罢，都是体现人同自然互动的知性与感性。就台湾而言，汉人移民构成文化主体，明显传承中国汉人既有岁俗体系，与闽粤之俗大同小异但也注入新天地的文化活力。例如：当全球华人同过元宵节，却只有台湾人以拜新丁、吃丁酒的方式，谢神保佑，分享得嗣喜悦。更以放蜂炮、炸寒单、夜弄土地公等近似疯狂的活动，辉映远古人们在月光下手舞足蹈的放纵。五月节，台湾人以肉粽祭祖，相异于中国北方的红豆、红枣粽，同样是粽子却包裹着不同的饮食认同。七月中元普渡是以最诚挚的心意，表达对孤魂野鬼的敬畏。若宗教是体现人们的社会记忆与认知，中元普渡应该最能注解当年先民前仆后继渡海来台，客死他乡终不悔的集体记忆。笔走至此，敏锐的读者应该会发现，台湾节庆除了岁时习俗外，更有浓浓的信仰成分。

人对生命的看法可以书写成思想、演绎为哲学，但也可以是淡淡喜悦、尽情欢乐、诚挚祝福和痛苦悲凄，以一种行为态度来展示，这就是生命礼俗。相对于哲学思想的文字符号，生命礼俗是以行为和情绪反映人对生命的态度。从出生到死亡，生命礼俗借由行为、行动塑造某一种社会角色情境，让当事者感知自己的人生阶段性的生命价值与责任。初生之礼，是祝福新生命、感知新父母；成年之礼，是感悟年少、开悟转大人；婚礼是人生四大乐事之一，也是两个人、两个家族联结的社会"事件"；丧礼主要是抚慰死者家属，将悲恸和恐惧转化敬畏与思念。可见，生命礼俗展示了人对生命阶段性应有的态度和认知。

细心精炼岁俗和礼俗的文化意涵，人与社会的关系无疑地都是共同关心的焦点。人与社会、人与世界的关系是高度开放性的，祸福难料，充满不确定性。然而，人们总希望趋吉避凶。某种程度上，趋吉避凶是人们将正面思考的预期能量付诸社会行为的总结，从而化为诸多习俗散落在生活中的食衣住行。动土仪式求平安、改运仪式求顺利……这些因生活需求而形成的习俗，时至今日仍普遍而强烈地存在着，其重要性不言而喻。抱歉的是，笔者才疏学浅，深怕多所谬误，尚未能言及衣和行的习俗。期待未来，本书若有机会再版时，增补之。

既然是索引，全书所引介的民俗讯息只能言简意赅。不过笔者也尽力梳理历史脉络、沉淀文化意义，期能兼具轻阅读、浓知性。当然，本书势必有很多不足之处，更何况"五里不同风、十里不同俗"，即使同一节庆，各地认知、解释，以及操作方式一定会有落差。就此而言，本书应该只是您认识台湾民俗的导览手册。若有共鸣、若能持续关注，您会发现，这些民俗异文其实都有其历史文化的共同关怀，而这当然就是本书潜在的写作目的。

最后，全书的年节日期是以农历为基准、公历为参照，这是为了让读者感受节庆和季节的密切关联性。令人困扰的是，农历和公历因置闰节奏不一，致使每年两历法的对照关系是不断变动的，本书是采用 2011 年的农历／公历，在此有必要向读者说明。

台湾生活必知习俗典故

今日生活在台湾，我们一年四季中依然奉行着许多传统习俗，特别是汉人。其中，不少是汉人传承自大陆故乡的文化产物，例如重要的节庆活动和生命礼俗。这些习俗乃自古以来，汉人因感受季节变化以及对生命认知等，历经长年的涵养而成，其起源与传统农业社会密不可分，是过去人们对于时间的认知，借由历法定锚后的生活步调。除此之外，台湾传统习俗不仅丰富多元，且渗入浓浓的神明信仰色彩，近400年岁月的移民社会，相继注入新的文化活力而自成一格。本章首先介绍认识传统习俗的一些背景知识。

◆ 太阴历

以月亮圆缺作为时间周期的计算方式

太阴就是月亮，太阴历就是以观察月相为基本周期而制定的历法，简称阴历。这是一种比较素朴、单纯的时间计算方式，也是早期人们普遍使用的历法。基本上，太阴历是以新月之始（朔），经满月（望）到下个新月的前一日为周期和时间长度，故又称"朔望月"。因为月亮并非构成地球季节变化的因素，所以"朔望月"便不具季节意义，不过深具祀月信仰的文化意义。

月亮是夜空中主要发光体，此一

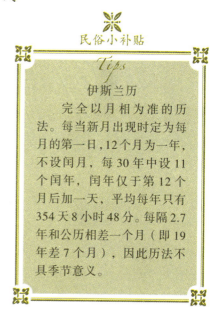

民俗小补贴

Tips

伊斯兰历

完全以月相为准的历法。每当新月出现时定为每月的第一日，12个月为一年，不设闰月，每30年中设11个闰年，闰年仅于第12个月后加一天，平均每年只有354天8小时48分。每隔2.7年和公历相差一个月（即19年差7个月），因此历法不具季节意义。

自然现象发展出古人对它的崇拜。人们相信月有月神，是掌管生育的神；台湾民间，人们相信"月生肉"，月是保佑婴儿成长的神。因此，每逢最具象征月亮神秘力量的圆月，亦即阴历每月的十五日，就成为古人拜月和跳月的日子。传统诸多在阴历十五日夜里举行民俗活动的文化现象，就是这种月亮崇拜结合了阴历的结果。

◆阴阳合历
以阴历为主体，又能体现季节变化的历法

一个"朔望月"的长度是 29.5306 日，传统阴历规定，大月为 30 天，小月 29 天，一年 12 个月共 354 天，这样一年就与太阳年（365.24 天）相差 11 天，这种情形会使阴历的一年比太阳历短，而与实际季节无法吻合。为了弥补两者间的差距，古人便在阴历中置入"闰月"，亦即择某一适当年份让阴历增加一个月，使阴历仍能反映出季节变化。以台湾而言，其具体的做法是"三年一闰，十九年七闰"，如此做法，阴历会更加精确。置闰的做法意味着传统阴历隐含古人对于太阳年的认知，而传统阴历或台湾人所使用的农民历，其本质乃是阴阳合历。

◆太阳历
世界各国现行的"标准历"

地球绕着太阳公转一周，是为一"太阳年"。以太阳年为标准制定的历法，称为"太阳历"。这样的历法较能与季节变动相契合。一个太阳年约是 365.2422 日，一太阳历是 365 日，每四年会置"闰日"以修正误差，如此，历法与季节、天象便不致出现落差。

太阳历乃起源于公元前 2900 年的古埃及，公元前 45 年罗马共和国加以采用，称为"儒略历"，此乃近代以前欧洲的主要历法。儒略历的置闰方式不恰当，导致误差越来越大。16 世纪，意大利医生兼哲学家里利乌斯（Aloysius Lilius）改革

儒略历，新历法由教宗格列高里十三世
（Gregorius XIII）在公元 1582 年颁行，
称为"格里历"。格里历的历年平均长
度为 365.2425 日，接近平均回归年的
365.24219 日，约每 3300 年误差一日，
也更接近春分点回归年的 365.24237 日，
约每 8000 年误差一日。格里历的纪年
沿用儒略历，自传统的耶稣诞生年开始，
称为"公元"，亦称"西元"。此即沿
用至今的西历或公历。

◆四季与二十四节气

以历法区别季节感，突显出季节
变化

四季，这样的季节感是人们对于自然
气候变化的感受，以及调整生活方式
的重要参考。在人类群居的社会中，
如何构成共同的季节感认知，从而达
到社会的集体目的，这是古代社会相
当重要的一环。相对于"物候"
法，历法乃是以观察天象为准之时间周期，
是一种较明确建构出社会对于四季变
化之集体认知的方式。

民俗小补贴

Tips

冬至点回归年

从地球上观察太阳绕行
天球之黄道一周的时间，称
为"回归年"（即太阳年）。
回归年是制定各种太阳历和
阴阳历的基础，中国传统历
法以"冬至"为岁元，从冬
至到冬至为一岁。因此，民
间有"冬至大如年"的说法
和庆祝习俗。

民俗小补贴

Tips

物候

人们用植物生长和动物
行踪来判断季节与时间的变
化。例如，南宋孟珙《蒙鞑
备录》说蒙古人："其俗每
草青为一岁，有人问其岁，
则曰几草矣。"

中国自汉代以后，历法皆以正月为岁首，春天（一至三月）、夏（四至六月）、秋（七至九月）、冬（十至十二月），四季确立，而且以置闰方式来调整阴历与四季的关系。不仅如此，为了让先民们能确知季节更迭、气候现象及其变化，以为农事进展或生活起居之参考，古代历法学家于是规定：将每年冬至到次年冬至的一回归年时间平分为 12 等份，称为"中气"；再将两个中气等分称为"节气"，这种制定方式则称为"平气法"。此为二十四节气由来。

◆七十二候

观察历法是否符应自然变化的指标

古代农业科学家，鉴于农业生产之需要，乃将二十四节气中每一个节气再划分为三候，以五日为一候，三候为一个节气，一年二十四节气，共设置有"七十二候"。

七十二候可归纳为"动物"、"植物"和"自然现象"三大类，每候以一

四季与二十四节气表

春	节气	立春	雨水	惊蛰	春分	清明	谷雨
春	阴历	一月节气	一月中气	二月节气	二月中气	三月节气	三月中气
夏	节气	立夏	小满	芒种	夏至	小暑	大暑
夏	阴历	四月节气	四月中气	五月节气	五月中气	六月节气	六月中气
秋	节气	立秋	处暑	白露	秋分	寒露	霜降
秋	阴历	七月节气	七月中气	八月节气	八月中气	九月节气	九月中气
冬	节气	立冬	小雪	大雪	冬至	小寒	大寒
冬	阴历	十月节气	十月中气	十一月节气	十一月中气	十二月节气	十二月中气

个现象相符应时，叫作"候应"，从而体现一年四季中物候和气候等一般变化的规律性。例如：立春的三候分别为"初候，东风解冻"、"二候，蛰虫始振"、"三候，鱼陟负冰"，分别以气候和物候作为观察历法是否"候应"的指标。

◆十二月份别称

十二月令的自然与文化象征

一月【端月】：端乃开头之意，故一年之始为端月。

二月【花月】：古代习俗的"花朝节"是阴历二月二日，百花争奇斗艳，是以引申为花月之名。

三月【桐月】：三月时，桐树枝头开满了花，故称为桐月。

四月【梅月】：梅树结果，故称为"梅月"。另因北方的麦子在四月左右变黄，故亦称"麦月"。

五月【蒲月】：端午节在五月，家家户户于门楣挂上菖蒲辟邪，所以称为蒲月。

六月【伏月】：六月天气已相当炎热，各种动物都喜欢蛰伏在阴凉处避暑休息，故名为伏月。

七月【荔月】：因七月盛产荔枝，所以叫荔月。此外七月亦是瓜果成熟的时节，所以也称为"瓜月"。

八月【桂月】：八月桂花香，故称桂月。

九月【菊月】：菊花盛开于九月，所以叫菊月。

十月【阳月】：古人认为十月的气候是小春天，又称"小阳春"，所以称为阳月。此月芙蓉盛开，又称"芙蓉月"。

十一月【葭月】：葭即芦苇，十一月开花，也被古人视为冬天较为经济的柴火来源。此季节农作物已收成，又无重大节庆，在寒意转重之下，砍芦柴囤积柴火，准备好好过冬，故称为葭月。

十二月【腊月】：腊，合也，合祭诸神的意思。腊祭多在农历十二月举行，所以此月称作腊月。

◆台湾传统节日

感受季节变化之祭祀活动＋本地历史记忆与文化积累

古代人们感受四季变化时，往往会举行祭祀，最重要的祭祀有四次，称为"四祭"。四祭者，因四时作物之所生熟，而祭祀其先祖父母也，周代称为春祠、夏礿、秋尝、冬烝等，分别在立春、立夏、立秋、立冬之日来进行。此外，农业耕作使人们特别重视土地之神，春天耕种阶段要举行祈祷丰收的祭祀，是为"春祈"；秋天收成后也要举行答谢的祭祀，是为"秋报"。春祈和秋报的祭祀日，分别是春分和秋分（或中秋）。

一年之中，春天意味着生命的复活，秋天意味着生命的凋萎。因此，每年一到春夏之交、秋冬之交，季节交替让人们联想到生死的循环，在求生、求寿的意念下，春夏之交（上巳节，三月三日）人们招魂求子，秋冬之交（重阳节，九月九日）人们除禳求寿。人们借由这两个节日充分体现对于自然循环的认知，也投射对于自我生命循环延续的企盼。

四祭、春祈、秋报、上巳和重阳等构成传统汉人的主要节日，这些节日历经千年的传承与变革而成为春节、春社祭、清明节、端午节、中秋节和重阳节等。近400年来，台湾汉人因循既有传统节日之外，复以历史与文化的诸多因素，形成不少本地的节日。这些节日有几项特色：

（一）以神明圣诞为核心的节庆：如天公生、玄天上帝生、妈祖生……

（二）体现对于亡魂（厉鬼）的重视：如新庄大众爷庙大拜拜（五月一日）、

云林口湖牵水状（六月八日）、新竹新埔义民祭（七月二十日）。

（三）对祖先事迹的崇拜：平埔人吉贝耍嚎海祭（九月五日）。

（四）聚落神明的传说：清水祖师圣诞是元月六日，但是，淡水却于五月五日至六日迎祖师爷，这与他们的地方传说有关。又如：五月犁头店木屐赛（台中南屯区犁头店）也是源发于人们对土地的传说。

◆ 人生仪礼

赋予各年龄阶段社会意义的通过仪式

人的躯体都会历经初生、发育、成熟、老化到死亡几个阶段，这样的生命过程原本仅是一种生理现象。然而，在人类群居性的社会需求之下，从远古时代起人们便创造发明出一些仪礼，赋予人生不同阶段的社会意义，同时传达个体在社会角色的转变。如此，人生借由通过仪礼转换了阶段位置，并且构成了一个在社会上的重要象征。换言之，每一次经历人生重要关口，即在强调身份角色与社会地位的转变；而每一次的转变，都是表现对组成社会基础的家族伦理与人际关系的重视，由此促进社会秩序的稳固与和谐。此外，当个人进入社会中各式各样的社群或组织，如进入学校、进入公司等，人们必须转换社会角色与身份，这时也不乏举行通过仪式，如学校的入学式、毕业式等。

一般而言，生命礼俗较能体现通过仪式的普遍性。目前台湾社会还保有初生礼、成年礼、结婚礼、祝寿和丧礼等，这将是本书深入介绍的重点。

◆ 趋吉避凶

对日常生活潜在征兆的恒存考量方式

生活原本就充满不确定性。从原始社会开始，人类就运用各种占卜之术，试图掌握生活的稳定性，因而发展出各类术数、命理、风水等学说。学说毕竟是专业学问，而平民的日常生活也难以事事问卜。因此借由一些日常仪式期能趋吉避凶，这是今日台湾社会仍普遍存在的现象。

例如，今人对于安太岁、改运的仪式出现不减反增的趋势。太岁原是守护神、吉神，后来这个方面几乎完全被忽略，而成为一个凶神，以致每逢太岁年，就必须安太岁。近年来，安太岁仪式繁复化，演变出各种专门的太岁符咒、牌位甚至神像。在现代忙碌社会，寺庙可以代为每日祭祷，多数信徒缴纳定额费用，将安太岁仪式委由寺庙代办，形成一种新的文化现象。可见，在台湾人的日常生活中，吉凶意识的考量仍相当强烈地存续着。

重要节日一览表

| 季节 | 节气 | 阴历月 | 别称 | 传统中国节日 | | 台湾传统节日 |
				四祭	祈福、除襄	
初春	立春	一月节气	端月	春祠		春节、天公生
	雨水	一月中气				元宵节
仲春	惊蛰	二月节气	花月		春祈（春分）	土地公生
	春分	二月中气				达悟人的飞鱼祭
晚春	清明	三月节气	桐月		上巳节（三月三日）	清明扫墓节、玄天上帝生
	谷雨	三月中气				妈祖生
初夏	立夏	四月节气	梅月	夏礿		
	小满	四月中气				客家桐花祭、南鲲鯓王爷祭
仲夏	芒种	五月节气	蒲月		端午（五月五日）	新庄大拜拜、端午节
	夏至	五月中气				
晚夏	小暑	六月节气	伏月			云林口湖牵水状
	大暑	六月中气				
初秋	立秋	七月节气	荔月	秋尝		中元节
	处暑	七月中气				新埔义民祭
仲秋	白露	八月节气	桂月			
	秋分	八月中气			秋报（秋分）	中秋节、阿美人丰年祭
晚秋	寒露	九月节气	菊月		重阳（九月九日）	
	霜降	九月中气				
初冬	立冬	十月节气	阳月	冬烝		平埔人夜祭
	小雪	十月中气				下元节、赛夏人矮灵祭
仲冬	大雪	十一月节气	葭月			
	冬至	十一月中气				
晚冬	小寒	十二月节气	腊月			
	大寒	十二月中气				

第 **1** 章 季节采风篇

自古，人们感于四季的嘉惠，
因而产生许许多多具有季节特色的民俗活动。

从热闹的春节开始，至除夕围炉，
十二个月间，
台湾各族群人们——无论先住或晚到，
当节日一来，
他们群聚举行庆祝仪式——无论传承或创造发明——
都是台湾重要的传统文化。

一月 【端月】

公历2月3日~3月4日

农历一月称端月，亦即一年开端伊始的意思。在二十四节气中，一月是从最冷的大寒过渡到立春和雨水，也是冬尽春来的阶段。

一月重要民俗活动

一日	贺正
二日	回娘家
二日左右	立春（春气到，四季之开端）
四日	接神
五日	隔开
六日	清水祖师圣诞
九日	天公生
十三日	关圣帝君飞升
十五日	元宵节（上元祭）
十六日	五妃庙祭典
十七日左右	雨水（东风解冻，雨水到）
二十日	天穿日
下旬	台南金唐殿萧垄香科暨王醮（三年一科）

◈ *春节习俗：初春祭神祈年与休闲*

　　春节是台湾人一年中最重要的节日，源自中国古代在立春之日祭祀农具神的仪式，亦即在寒冰解冻、暖风初来之际，人们准备农耕前夕的系列祭祀活动。汉代以后，以立春为中心的祭祀活动，逐渐过渡到以正月初一为中心的复合新年节庆，并融入岁末祀神、祭祖和除疫等仪式，从而形成了一系列包括祭祖、驱鬼辟邪的活动和除疫、延寿、祛鬼的饮食习俗。

放鞭炮：爆竹一声除旧岁

明代以后，春节从元月初一到十五（元宵节）才结束，传统台湾人过春节也是如此。俗谚说："初一早，初二巧，初三困卡饱，初四神落天，初五隔开，初六挹肥，初七七元，初八完全，初九天公生，初十有食食，十一请子婿，十二查某子返来食诸糜配芥菜，十三关帝爷生日，十四结灯棚，十五上元暝。"这长达十五日的春节民俗活动约为：开正走春、天公生和元宵节等，结合年终除夕围炉而成为台湾人年度最重要的节庆习俗。

除夕祭祀、围炉吃年夜饭

现代人的春节年假是从除夕开始，弥漫团圆和休憩的气氛。不过在古代，除夕与元宵、七夕、中秋一样，都是一个以夜晚为主要活动时间的节日，进行辟邪、守岁、聚餐为主的民俗活动。除夕又称除夜，除夕、除夜的"除"字含义是逐除疫鬼，乃是腊月（十二月）一连串逐疫的年终祭祀活动之一。

除夕日这一天，台湾人传统上会准备各式牲礼、菜肴、年糕等祭品供奉神

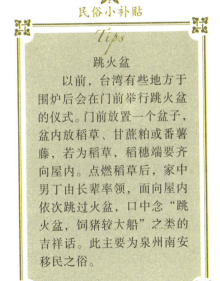

民俗小补贴

Tips

跳火盆

以前，台湾有些地方于围炉后会在门前举行跳火盆的仪式。门前放置一个盆子，盆内放稻草、甘蔗粕或番薯藤，若为稻草，稻穗端要齐向屋内。点燃稻草后，家中男丁由长辈率领，面向屋内依次跳过火盆，口中念"跳火盆，饲猪较大船"之类的吉祥话。此主要为泉州南安移民之俗。

一月【端月】

鱼：年年有余
年糕：年年高升
长年菜：长寿
发菜：发财
萝卜糕：好彩头
水饺：元宝
猪脚：富贵蹄
菠萝虾球、菠萝排骨：好运旺旺来
必备锅料理：佛跳墙
其他常见菜色：八宝饭、香肠、
封肉、鸡鸭肉

围炉菜色

①红烧豆腐
②鸡
③年糕
④佛跳墙
⑤封肉
⑥鱼

明、祖先，进行本年度最后一次的拜拜，称为"辞年"。顺序是先焚香、点灯、烧金纸，再燃放爆竹。祭祀后，神前、祖先牌位前都会供奉甜料一小碟，以及隔年饭、隔年菜、发糕和红柑等，至年初五才撤除。其中，隔年菜南部多用带根菠菱菜（菠菜）、中北部多用芥菜（刈菜），不能折断，又名长年菜，吃年夜饭时，每人须吃一根，取长寿、长长久久之意。发糕或隔年饭上会插丽春花（饭春），因丽春花的"春"字，和闽南语的"剩"字谐音，乃蕴含衣食有余之意，供桌上须放置"压桌钱"。以前，压桌钱是用铜币120个，穿系于线香根，端插红枣，这样压在桌上，俗信可发财。此外，还须祭灶、拜床母，另用五味碗拜门神、地基主。有趣的是，人们会在房内屋角处撒放一些盐米，准备给老鼠饱食一顿，足见传统习俗之敦厚。

晚上，一家大小团圆聚饮。曩昔，餐桌下会放置小火炉，火炉边环摆一两串钱，或是一两元洋银。全家围绕着火炉共进一年最后一餐，名曰"围炉"，表示团圆和家运兴旺之意。这一餐要多谈话、慢慢食，每一种菜肴都有吉利含义，"长年菜"通常会是长辈一再叮咛要吃的一道菜，一口吃尽，取其长寿之意。另外如鱼丸、肉圆有团圆之意，菜头（萝卜）乃好彩头、食鸡起家……再加上佳肴美酒。围炉结束后，长辈将银钱分给晚辈，称"分过年钱"，有祝福长命百岁之意，今人虽改用硬币或纸钞，其意仍同。

曩昔，除夕是灶神返回家宅之日，人们会于深夜亥时祀灶，供甜料、年粿，焚香、烧纸（今日少灶不若早期重灶神而并于初四迎灶神）。是晚，家家灯烛辉煌、通宵达旦，人们相信越晚睡，来年越有福气，亦可为父母添寿，是为"守岁"。

◎趋吉避凶的门窗装饰物

春联是把贺年吉祥字词写在红纸上

民俗小补贴

Tips

压岁红包
台湾人习惯将压岁钱装在红包里送给晚辈，难免太过平常，若能添点创意传达心意，更能营造过年的气氛。例如，买一棵金枣彩球，下面系上红包袋，红包袋中不只装钱，还可写些好话，而让每位孩子都能拿个红包，不一样的金额亦会制造出话题与高潮。

春联：桃符万户迎新春！

民俗小补贴

Tips

桃符

古代汉人相信，在桃木板上刻画神怪的脸，此片薄薄的木板就拥有神奇力量，足以吓跑那些带来灾厄的鬼神，这种木板叫作"桃符"。最早的桃符是插在门上，后来逐渐变成了贴在或画在门上的"门神"，而刻画神怪的画像也变成神荼、郁垒二神。

宜春帖

又名"春书"，立春日用色纸剪成"宜春"二字，张贴在门柱上，或是写成单句吉祥话，贴于门楣上，这是人们用来招祥纳福的物品。有学者认为现在春联中的横批就是源自宜春帖。

的一种对联，通常于除夕大扫除后贴在门墙上点缀装饰，也称作春帖、福贴。春联源自古代汉人为了趋吉避凶在门上所装置的"宜春帖"和"桃符"习俗，后来结合文人于立春所写的"延祥诗"转变成今日所见样式，是一种祈愿和驱避鬼怪的春节装饰物。比较特殊的是，台湾习俗会于门扉后两侧竖立长年蔗（连根带叶之甘蔗），有坚固家运、甜甜好过年的意涵。

❀初一开正走春，拜人神

正月初一是一年的开始，清晨，家家均梳洗更换新衣，迎接新年的到来。首先，开门焚香点灯，神前供奉各式甜料，拜拜、放鞭炮，名曰"开正"。然后依序向祖先牌位行礼，也有人家准备牲礼、菜碗来祭拜者。祭礼结束后，晚辈向长辈祝贺，新的一年由此展开。

初一的早餐叫"清菜"，也就是吃素菜，现在已经没有这样的习俗。不过，这一天不可以做饭，通常只吃除夕做的咸年粿（菜头粿）或剩菜。

过 年 抢 头 香

吃完早餐后前往亲友家拜贺，称为贺正或拜年。不过，台湾拜年的风俗并不盛，只有极亲密的朋友或亲戚之间才往访道贺，通常在路上碰面时，只道一声"恭喜"便算了事。拜年时，彼此之间当然都说吉利的话，如果亲友子女来拜年，习惯上要送红包，就是给压岁钱，祝福小孩平安长大。拜年之外，也会到所信仰的寺庙去拜神，叫作"烧金"。年节期间著名庙宇往往人山人海，甚至有些庙宇还出现"抢头香"的盛况。或有郊外踏青，是为"走春"。

初一这天，走出大门的第一步，叫作"出行"。以前的人很讲究"出行"，

回娘家：携家带眷访爹娘！

会以干支和自己的生辰来决定出行的方向，相信如此会遇到福神，为自己带来福气。以前这天，有一些杂耍人会装扮成仙鹤、狮马之类，沿街挨户演出以博赏金；或打鼓吹笛，或鸣锣敲钹，到各家门口"喷春"。有些人家就接待他们到大厅吹奏吉祥的曲子，锣鼓喧天是为"闹厅"。事毕，主人会酬以"红包"。不过，随着演艺事业专业化后，"喷春"已完全销声匿迹。

❀ 初二出嫁女儿做客

台湾俗谚说："有父有母初二、三，无父无母头斗担担"，意指有父母的媳妇在年初二、初三会被娘家人接回去团圆，而没有父母的媳妇只好在婆家做事。

以前，出嫁女儿须至初五以后才能回娘家，因初一至初五忙过年，为人媳妇得在夫家帮忙。今日社会，年假决定春节假期的节奏，初二回娘家成为今人的默契，也体现出社会对妇女的尊重。

发糕

年糕

❀ 初四接神、初五隔开

初四，接神日。从送神（农历十二月二十四日）到接神的期间，神明在天上述职、团圆；人们为了让神明在天上能有多一点相聚时间，习俗上就有"送神早，接神晚"的做法。接神的仪式与送神有点差别，应先于初三晚上在门前广场或其他露天地方，焚烧印有"云马总马"的黄纸。翌日初四下午，再用鸭一只，搭配三牲及清茶来祭拜、接神；祭拜的鸭要保留两脚，并在鸭屁股保留尾毛，以示鸭的神气。

财神爷

为何接神以鸭祭祀呢？因为鸭比鸡的力气大，便于替神明挑回行李以及在天庭十日来所获得赏赐，隐含欢喜迎神的意思。所以，民间流传有谚："送神鸡，接神鸭。"总之，接神仪式无疑告诉人们，神明皆已各司其政，人们也该收心认真工作啰！

初五隔开，亦即撤供的日子。从这天起，撤除所有祭祀供品，招待客人也不再用"甜料"，恢复常态生活。从初一起堆积在室内的垃圾要好好清除。各行各业开张、祭祖师爷。

❀ 初九天公生

初九，天公生。是日子时（初八深夜11点至初九凌晨1点）起，全台家家户户举行隆重祭典，以表达对玉皇大帝的敬意，这是台湾人与其他华人习俗的重要

摇元宵：摇啊摇啊乐陶陶！

区别之一。

　　祭拜天公仪式最为隆重、庄严。首先，在正厅天公炉下或在正厅门外摆设祭坛，一般都是用长板凳或矮凳为底座，凳下垫天公金，凳上叠八仙桌而为"顶桌"，顶桌两侧各用红线拴上一根甘蔗，并系上饰有吉祥图案的桌围，后面另设"下桌"，有"顶桌"和"下桌"才构成完整的祭祀供桌。"顶桌"最前头供奉用彩色纸制成的神座（象征天公宝座），神座前置香炉，炉前有扎红纸面线三束、清茶三杯和五果六斋，炉旁为烛台，这是祭祀玉皇大帝的供品；下桌供奉五牲（鸡、鸭、鱼、蛋、猪肉或猪肚、猪肝）、甜料（麻老、米老、糕仔等）、红龟粿（象征长寿）等祭献玉皇大帝的从神。若是要还愿时，牲礼必须用全猪或全羊。所烧的香，天公炉通常用盘香（香环），祭祀时则点三支香；金纸必用天公金、盆金，表达至高敬意。祭拜时，行三跪九叩礼，祈求合家平安。往昔，有些富裕家庭还会聘请戏班在门前演戏，请鼓吹队"喷春"，虔诚家庭则会连夜赶往当地的天公庙礼敬，像台南忠义路的天坛、高雄的天公庙、木栅指南宫等，每年的农历正月初八便灯火通明，热闹非凡。

在祭拜天公之前，全家大小都得斋戒沐浴。初九当天，禁止人家晒衣服，尤其是女裤、内衣，或倒垃圾，以表示对玉皇大帝的崇高敬意。

◉元宵祭，月半大如年

正月十五日元宵节，又名上元。传统以正月、七月、十月这三个月的十五日为三元。道教以天、地、水为三官大帝（又称三界公），上元是天官赐福的日子。这天也是传统春节的最后一天，所以又有"小过年"之称，自古民间即有"月半大如年"的说法。这个热闹节日原即有娱乐气氛浓烈、游艺内容丰富的特色，近来在政府积极营造之下，让这个无形文化资产更具活力。

◎祀神、迎神，赏花灯、放烟火

以前，十五日这天，民家及各庙宇会依照拜天公生的仪式，以纸糊三官大帝神位三座来祭拜。庙宇会延请道士诵经、做醮、祈福或请戏班演出，庙门悬挂"庆祝上元"的红灯笼。富裕家庭于门前悬花灯、走马灯兼放烟火，有吹箫、唱曲、宴饮通宵者。读书人结坛品评古董、书画，享受闲情雅致；或举办猜灯谜活动，自娱娱人。

街境内会有舞闹各式花灯的活动，如龙灯、鱼灯或是狮子阵，以及装扮各式人物如昭君、婆姐、龙马等，组成长长的游艺队伍，在夜间向人家演出吉祥剧目以为祝贺，主人翁多会大方给予赏赐。小孩子也会提着以竹条为骨架，外糊纸或布的"鼓子灯"四处走玩。

总之，结合祭祀与游艺休闲活动的上元祭，是一个灯火满街、照耀山海，金鼓爆竹声隆隆入耳的欢乐节庆。

一月【端月】

元宵赏花灯

1977 年，元宵节被定为观光节，元宵节逐渐被塑造为重要民俗节庆展示日。1990 年台北市集结 30 万盏花灯空前扩大元宵花灯的规模，后来轮流在各地方举办大型灯会，成为每年春节期间众所关注的盛事。

◎攒灯脚：男女幽会和求子、走百病的好时机

传统妇女受到礼教的约束甚少出门，但是在月望之夕的节庆，如元宵、中秋，均暂时解除对妇女的限制与束缚，允其外出参与娱乐。元宵夜往往是少女幽会佳偶、

结识良缘的好时机,台湾谚语有所谓"偷挽葱,嫁好尪"、"偷挽菜,嫁好婿":趁着月光,未婚女孩会去偷摘人家的蔬菜,以摘得之蔬菜多寡好坏来推测她们的姻缘,如果能偷得葱或青菜,就表示她们快找到如意郎君了。而闽南、客家语汇中"灯"与"丁"谐音,因此元宵夜"攒灯脚",成为妇女祈求添丁的习俗。元宵夜妇女们手提小灯笼结伴而行,也有拿着香行走者,称可"走百病",祈求祛除未来一年的疫疾。

◎平溪放天灯

天灯相传是三国时诸葛孔明发明的,所以又称"孔明灯"。平溪放天灯习俗,相传已有两百年历史,据说是当地人的老祖宗从福建惠安移民来到平溪、十分(今新北市)一带山谷时,为逃避山贼,用来作为联络乡民、互报平安之用。后来随着平溪煤矿没落,放天灯活动也随之式微。1988年间平溪乡民代表王瑞琪和胡民树等人大力提倡,在乡公所的支持下,才扩大成为大众化

民俗小补贴

Tips

乞龟求子

乞龟原本为了求子,这是台湾元宵节特有的习俗,又以澎湖最有名。清代志书《澎湖厅志》记载:"各庙中张灯,男女出游看灯。庙中扎有花卉、人物,男妇有求嗣者,在神前祈杯,求得花一枝或面龟一个,回家供奉。如果添丁,则明年元宵时,倍数酬谢。"可见乞龟乃元宵求子的习俗。今日,无论男女老少都可乞龟,求子外更可求平安,而且不必"倍数酬谢"。若能在共同信仰上发展出互信互重的社会文化,未尝不是善良风俗。

面龟

的传统民俗活动。

　　天灯是用特制宣纸扎成热气球状，底部以铁丝编成十字状，中心系着吸满煤油的金纸；点燃后，热气鼓起天灯，使之升空。当盏盏天灯缓缓升起，闪烁在山区的夜空，格外动人。

◎夜弄土地公

　　这是台北士林和内湖地区闹元宵的习俗。士林人将土地公置于神明轿内，由

平溪放天灯

壮丁抬着神舆绕境；过商家门前，人们向神轿投掷爆竹，壮丁抬着神轿前后进退，表示土地公对商家的祝福，等到爆竹声停了，才走到另一店铺，活动直至深夜结束。

内湖人弄土地公的习俗是由居民组成阵头，将土地公庙里的石雕神像请出来，再三膜拜之后为土地公脱去上衣，用红色布条和铁丝将土地公牢牢地安置在神轿上。在阵头的工作人员引燃第一串鞭炮之后，神轿开始穿梭在内湖路上，

福德正神（土地公）

一旁的民众把预先准备好的爆竹向神轿抛去，一时间整条内湖路炮火硝烟四起，直至深夜时分在湖光市场放完一圈鞭炮之后，整个活动才告结束。

◎台东炸寒单

台东地区炮炸寒单的活动，一年比一年盛大。寒单爷又叫"玄坛爷"，相传是商朝的赵公明，又名赵玄坛，伐纣时阵亡，周代追封为神，道家尊称"赵元帅"，职司保境安民、商贾买卖，故俗称"武财神"。元宵节时，以两根长竹竿，中夹小竹椅，取其神像绑于椅上，由旗队、锣鼓队开道，四壮汉赤身抬起的神像压阵绕境。每临商家便操演仪典，邻近的居民以点燃的鞭炮投掷于上，取其"放了就发"之意；或说寒单爷惧寒，爆竹可帮其取暖。仪式演毕，店家通常会包个红包，数目随意。

战后，寒单爷神像变成由真人扮演的"肉身寒单"，头扎红布、毛巾蒙脸，身穿红色短裤赤裸上身，只能手拿榕叶护体，站立于神轿之上在大街小巷穿梭绕境，

接受店家及信众掷炮炸身。近来也有女性担任寒单来挑战，使这项以往皆由男性担纲的活动更具话题。

◎台南盐水蜂炮

台南盐水在日据以前原是四周临水的港渡，古称月津。自古以来，盐水每逢元宵夜便迎请武庙的关帝爷绕境。当绕境神舆沿街巡视时，各商家、住户争相鸣放爆竹、烟火，男女游街，成为当地惯俗。1933 年，地方人士鉴于景气不佳，将元宵活动调整为花灯、阵头游街与竞赛，放鞭炮稍有减少。20 世纪 80 年代以后，盐水蜂炮在媒体报导与各界推广下受到瞩目，已成为台湾元宵夜的重头戏之一。

蜂炮之所以叫蜂炮，是因为它燃放时会发出蜂鸣般的尖锐声响，宛如千万蜜

盐 水 蜂 炮

蜂倾巢而出，因而得名。元宵夜，盐水武庙的神明分两路同时出发绕境，当神舆经过家户门前时，人们把准备的蜂炮城卸下"炮衣"，撕下炮台上"恭祝 关圣帝君圣诞千秋 弟子某某某叩谢"等字样的红纸，在神明面前与金纸共同焚烧祝祷后，便正式引燃自家的炮城，让绕境神明点收蜂炮。一时间，神舆陷入炮火硝烟中，整个盐水镇人声鼎沸，至深夜方歇。

好神

关圣帝君

◎客家㸿炮城

㸿炮城是早期客家先民防御敌人入侵的警示系统。依据屏东县五沟水耆老的说法，最早的炮城是以竹篾所编成的竹篓，并在竹篓里放置火药，利用引燃火药产生巨大响声，作为警戒通报之用。后来警戒的意义不再，反倒转变成"丢炮驱邪"的年节娱乐活动。"炮城"是用纸糊球状物，里头放一些火药，如今放进大龙炮、鞭炮之类的七彩烟火，然后吊在长竹竿上面。参加㸿炮城的人们手执鞭炮，依序点燃后丢向炮城，看谁能丢进炮城并引爆其内部的火药。

目前保有㸿炮城习俗者仅剩屏东五沟水和苗栗后龙一带。在五沟水，元宵日早上按照传统习俗要祭伯公祈福，而重头戏就是"伯公会"所举办的㸿炮城活动，若成功引燃炮城，届时就能见到五光十色的烟火四射，为年节留下一个热闹绚烂的回忆。

◎佳冬拜新丁

屏东县佳冬乡客家村仍有元宵拜新丁的习俗，元宵日一早便有许多妈妈抱着未满周岁的小婴儿到庙前"拜新丁"。三山国王庙前的棚子由炉主负责搭设，并将庙内供奉的三山国王迎请到棚内神坛左边、天上圣母（妈祖）神像请到右边，中间是"下埔头庄福德正神"的神主。除了刚出生的男婴，也有阿公阿嬷带着较大的男孩来拜拜，祈求平安。棚子里供品有"新丁粄"，以及内包菠萝馅和红豆沙、外形像月饼的新丁饼。新丁饼在祭拜后分送给亲朋好友，分享添丁喜悦，期能获得祝福。

过去拜新丁都在元宵节，后来改成各村排时间拜拜，通常俗称"下埔头"的赖家村排在农历正月初十为最早，接着是十二日佳冬和六根村，十五日昌隆和丰隆，十六日万建村。各村的三山国王庙前都搭棚子，热闹至极。

◎竹山紫南宫吃丁酒

位于南投竹山镇社寮的紫南宫是座土地公庙，也是当地住民的信仰中心。早年庙旁大公街的信徒，每有生子、结婚的家庭，在元宵节时须以阉鸡、米酒或猪头向土地公祭祀，以表达谢意。元宵节次日，各户推一名代表将祭品料理后，邀请信徒们共食。

约在30年前的某日午间，他们将欲共食的丁酒和猪头肉分享给来自新竹市的进香团，充分展现台湾人好客的纯朴，后衍为紫南宫的习俗。近十余年来，每逢元宵节便拥入逾十万名游客进场参与这项原本单纯为答谢土地公的仪式，蔚然成为一股现代版台湾元宵节民俗风潮。

◎野柳神轿净港过火

元宵节对野柳地区的居民而言，是一年一度的大日子。此日，野柳保安宫会

野　柳　神　轿　过　火

在庙前广场举行极具宗教特色的净港及过火仪式。

　　当天早上，信男们扛着神轿跃入海中"净港"，伴着神轿涌渡到对岸登陆。下海净港的神尊，通常有开漳圣王、妈祖、周仓和土地公，渔民深信这项仪式可保佑他们出海作业顺遂平安。净港后，再举行过火仪式，信徒抬着神轿赤脚走在火烫的木炭上过火。整个驱邪仪式，依习俗在当天中午前完成。

　　这是全台绝无仅有的民俗信仰活动，深具海洋文化的特质。从深层面而言，反映出地方居民长期靠海维生的日子里对大海的敬畏，以及对护航神祇的崇敬。

◎拜冬生娘，求好手艺

传说冬生娘是位擅长女红的女子，后世女孩期许自己也能拥有像她那样精湛的手艺，每逢元宵夜就会祭拜冬生娘。

元宵夜，女子会用细长布条将竹筷或竹枝捆扎，然后将小小的缠足鞋挂在上面，鞋内置入很小的膝裤，这样的东西即为"冬生娘"；也有另做小衣服套在小鞋上，使冬生娘的样式有些像小布偶。入夜后，女孩们会偷偷将冬生娘带到厕所附近予以祭拜，祭品通常有一碗饭、汤、鸡腿和鸡头，祭拜完毕，便将冬生娘烧掉，俗称"烧冬生娘"。这样的仪式就是传统女子祈求"巧手、艺精"的针神之祭，台湾民间也曾吟唱："冬生娘冬丝丝，保庇阮，织布好，布边绣花好花枝，梳头团团圆，缚脚合汝平。"如今，这样的习俗与民谣几乎已成为绝响。

❁ 台南佳里金唐殿王醮

农历元月下旬一连七天，台南市佳里区（旧为台南县治）一带会举行比过年还热闹、还温馨的"大刈香"，那是三年才一次的活动。佳里大刈香俗称"佳里香"或"萧垄香"（佳里为平埔人萧垄社故地），是南瀛五大香之一。萧垄香是由佳里金唐殿主办，境域"十七角头廿四村庄"，地跨佳里、西港、七等三乡镇，其中"十七角头"在佳里镇内，"廿四村庄"则为邻乡，总计约有四十座庙宇参与这项三年一度的盛事。

萧垄香全称为"五朝王醮刈香出巡大典"，以五朝王醮的道士团科仪法事拉开序幕，接着是为期三天的"大刈香"绕境，最后以"烧王船"压轴，使整个萧垄香达到最高潮。

元月二十，开印迎春补天穿

传说女娲为免去人间疾苦，于是炼石补天；后世人们为了感念女娲的辛劳，每年元月二十日以煎饼置于屋顶上，谓之补天，这就是汉人"天穿日"的由来。在台湾，这一天人们会吃煎过的甜粿，是所谓"天穿食、目瞯光"。不过，目前仅客家人保存较为完整的天穿日习俗。

天穿日当天，客家人会放下工作，唱山歌自娱，并以一块春节时做的甜粿煎炸过后，上香祀拜，取女娲补天之意；也会把甜粿揉成小圆球状，油炸后称为"油堆子"或"油槌子"，再插上针线拿来祭拜，称作"补天穿"。

元月二十日也是传统文武官衙开印，亦即官署正式上班的日子。农业时代，这一天地方官员都要到东郊祭拜芒神和土牛，并迎回土牛至城内，然后鞭打土牛象征"鞭春"，以示奖励农业，祈祷丰收的一年。

二月 【花月】

公历3月5日~4月2日

农历二月称花月。此时，大地回暖、万物迎春，梅花盛开、杏花含苞欲放，所以二月常被冠以花名，如杏月或花月。

二月重要民俗活动

二日　做头牙

二日　福德正神圣诞

二日左右　济公菩萨佛辰

三日　惊蛰（春雷鸣，虫受震而出）

三日　文昌梓潼帝君圣诞

十日　忠义亭义民祭

十五日　开漳圣王圣诞

十五日　九天玄女娘娘圣诞

十七日左右　太上老君万寿

十七日左右　春分（南北半球昼夜均分，春季过半）

十九日　观音佛祖圣诞

二十二日　广泽尊王圣诞

二十五日　三山国王圣诞

◆达悟人飞鱼祭（公历3月~7月）

农历二月，植物开始抽新芽，农民投入播种、插秧等农事。二月遂成为以祈丰年、祭社神为主题的春社节。

远古时期，春社节同时是氏族内部或相邻氏族之间的春季狂欢节日。在此期间，实行内婚制的氏族男女于祭祀社神之后，随即进行一场杂乱群交；实行外婚制的氏族男女则和相邻氏族男女聚集在一处祀神场所，进行群体杂交。至周代，严格礼教使婚姻形态转趋向稳定的个体婚，男女婚姻须奉父母之命、媒妁之言决定，古代春社狂欢转型为仲春的桑林（春台）大会，后又转型为踏青活动。"踏青"就是到郊外冶游，依稀存留着上古春嬉的影子。

台湾民间信仰中，二月有土地公、开漳圣王、观世音、广泽尊王和三山国王等圣诞，各地祭祀庆典热闹非凡；民间还有赛笭鸽、放风筝等休闲活动。

◈ 二月初二春祈祭，做头牙来吃福

二月初二拜土地公、做头牙，即古代春天的社祭，是官方年度的重要祭典。社祭对象是社神，社神是将土地神格化的土地神。土地广袤，古人通常以土堆、树为祭祀的象征物。社树通常是以当地土地所适宜之树木为之。中公历代各族群的社树各不同，夏人以松、商人以柏、周人以栗。不仅如此，各地区因文化上差异，对于土地神也有些不同说法。如夏人以"禹劳天下，而死为社"，周人以"周祖后稷是社神，又称为田祖"。虽然社神传说大不同，不过祈求社神保佑五谷丰登之目的是相通的。总之，二月初二就是农业社会春祈仪式的重要日子。

汉代以前，春社祭的日子并不固定。汉代以后，基本上是以立春日后的第五个戊日，亦即立春后第四十天为祭祀日，约落于农历一月底、二月初。不过，中国古代常以重日为节，后来二月初二便成为春社祭的固定日子。台湾汉人自古以来，每逢二月初二，无论城市或乡村，民间皆祭祀土地公，地方自行筹钱赛神，演戏数日；官方则封土立社坛，由地方长官率领官员致祭，可见其隆重。

在台湾，土地公不只是土地守护神，更兼财神。习俗上，做生意的商家在农历每月初二和十六这两天，都在门前以牲礼菜肴祭拜，俗称"做迓"，也叫"做福"。迓是迎接的意思，一般写作"牙"。做迓或做福，都指拜土地公，表示迎财接福。二月初二是一年首次做牙，称为"头牙"。头牙是大日，供品格外丰盛。拜完后，商家、地主多会以拜过的牲礼菜肴宴请所有员工佣仆享用，以慰辛劳，

祭拜地基主

叫作"食头牙"或"食福"。

　　拜过土地公，会另排长椅在门口，供五味碗（普通饭菜）拜祭地基主，并烧经衣（印有衣裳图案的金纸）、银纸。

◈二月初三文昌祭，长智慧

　　文昌是斗魁六星的总名，星象家占卜时的吉星，主大贵。至于文昌帝君，乃梓潼帝君。东晋（317—420）四川人张育，为报母仇迁到梓潼县的七曲山，自立为蜀王，起兵对抗前秦（350—394）苻坚，英勇战死。后人在梓潼七曲山建张育祠，尊奉他为雷泽龙王，形成梓潼神的信仰。宋代以后科举文化盛行，梓潼神转化为保佑四川地区学子的文运之神，后与主大贵的文昌星相混合而成为文昌神、文昌帝君或文昌梓潼帝君。文昌帝君与大魁星君（魁斗星君）、朱衣星君（朱熹）、纯阳帝君（吕洞宾）、关圣帝君（文衡帝君），合称"五文昌"，同受士人学子敬奉。

　　传统台湾的文昌信仰主要是在学宫（孔庙）、书院和敬字亭，前两项是精英分子活动处所，而敬字亭则普及全台各地。敬字亭是民间回收纸张以体现敬惜文字的具体象征物，通常奉祀仓颉、孔子、文昌帝君、梓潼帝君、朱衣星君等主管文运神位。

每逢农历二月三日，传统上文人便聚资集会于文昌庙，称作"文昌会"，并以牲礼、果物为供品，举行三献礼的祭典；各书院、书房也都供奉文昌或孔子，学生每天祭拜，二月三日这一天会举行特别祭典。民间则收集敬字亭的纸灰，隆重举行祭祀仪式后，将"圣迹"送向河川、溪流，表达对文运诸神的敬意。

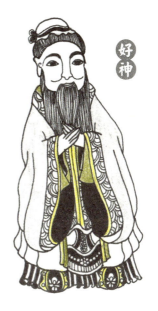

好神

至圣先师——孔子

◈ 二月十九观音佛祖圣诞

观音信仰源起于印度佛教，东传至中国后，因其闻声救苦形象，受到广大众生的景仰。宋代俗谚有云："家家观世音，户户弥陀佛"，充分反映观音信仰的盛况。

台湾的观音信仰几乎与妈祖信仰不相上下，而且原本是佛教的观音佛祖或观世音菩萨，其信仰已相当民间化，俨然成为某一地方的保护神。农历二月十九日是观音佛祖圣诞，传统上信徒均吃素斋，做寿桃、寿面，供奉素品，举行盛大祭典。

◎高雄内门迎观音

内门紫竹寺主祀观音佛祖，逢农历二月十九日观音圣诞举行例祭。此外，自古采"绕三年，停三年"大周期性举行绕境活动。活动期间，内门每个"境"的丁头都要到紫竹寺集合上香祝祷，排班恭迎观音佛祖金身登上舆轿，展开一日观音绕境活动。内门境内多山且幅员辽阔，绕境路线以走大路为主，山间支线为次，沿途各聚落设置"敬桌"祭拜。绕境队伍皆以步行走完所有敬桌，每日在山区里大约行走三四十公里，为偏僻山林带来热闹人潮。

❀ 达悟人飞鱼祭

兰屿达悟人因捕捞飞鱼而发展出独特的飞鱼文化。约从公历3月到7月之间，达悟人阶段性举行各种祭祀，日期多由各部落耆老决定，不一定与历法相符，透过这些仪式，祈求一年渔获丰收、合家平安。

整个飞鱼季节包括：招鱼祭、小船祭、慰劳祭（螃蟹祭）、祈鱼祭、祈畜

民俗小补贴
Tips

达悟人与飞鱼

飞鱼季来临之时，达悟人会专心捕抓飞鱼，不会捕食其他鱼群，好让其他鱼群生养。相反的，若不在飞鱼季捕到的飞鱼也不能带回家。捕抓到的飞鱼会经过晒干处理，但只能食用到十月左右，吃不完的飞鱼就要全部丢掉。

飞鱼种类很多，甚至区分成男人、女人、小孩、老人吃的鱼。男人吃的鱼较有腥味，女人吃的鱼较鲜美，老人会把好吃的鱼留给年轻人，小孩吃的鱼较小且通常不晒成鱼干，直接煮来食用。

祭、贮藏祭、新月祭。其中又以新月祭最为盛大热闹，祭品也最丰盛，因为它代表飞鱼祭的结束，庆祝一年的丰收。这天，人们将捕获的鱼全部挂上，摆出丰富的水果以及芋头、地瓜，并将煮过的鱼互相馈赠。尤具特色的是，这天部落将整季收获的小米集中平分，特别照顾穷者与残疾孤寡之人，充分展现达悟人满满的人道精神。

二月 【花月】

三月【桐月】

公历4月3日~5月2日

农历三月称桐月，时值季春桐花盛开，采收春茶的好时光。趁着暮春的凉爽，到郊外踏青赏花、扫墓祭祖，是美德也是偷一把闲。"三月疯妈祖"则为春天留下热闹的余韵。

三月重要民俗活动

二日　寒食节

台南安定乡苏厝长兴宫王船祭

三日　清明（天气清澈明朗，万物欣欣向荣）
（三年一科）

三日左右　玄天上帝圣诞

南投松柏岭受天宫玄天上帝香朝

十一日　台南学甲上白醮

上旬　台南苏厝真护宫王船祭（三年一科）

十四至十五日　台北大龙峒保生大帝祭

十五日　武财神赵元帅圣诞

保生大帝圣诞

十六日　淡水三芝八庄大道公轮祀

十八日左右　谷雨（降雨滋长百谷）

十九日　太阳星君圣诞

十九至二十日　北港妈祖绕境进香

二十日　注生娘娘圣诞

二十三日　妈祖圣诞

二十八日　东岳大帝圣诞

下旬　台南安定长兴宫瘟王祭（三年一科）

◆布农人打耳祭（农历三月，约当公历四、五月的农闲期）

🌸 三月节，最早的扫墓节

古代，农历三月第一个巳日称作"上巳日"，是古人迎接春天生命之神复活的重要节日，这是"春分"后第一个祝祷节日，亦称三月节。

上巳日主要是"迎生"的仪式。这一天，古人先在水边沐浴以除却不祥，是为祓禊仪式；接着祈年求福、歌舞求雨，男女春嬉狂欢。魏晋以后，上巳节定于三月三日，成为一个重要节日，洗濯身体的风俗逐渐演化成曲水流觞和临水踏青的活动。到了宋代，踏青活动转化为清明节踏青和扫墓，上巳节遂被清明节所吸收取代。

积极驱疫"迎生"仪式之外，先民们于上巳日同时也会举行"招魂续魄"的消极作法。招魂续魄就是古人在上巳日于临水祓禊时所进行的具有巫术色彩的活动，亦即祓禊仪式后，手握茅草或彩色旗子，然后挥舞并向四方呼唤生者或往生者的魂魄。汉代以后，此仪式衍变成在三月节或清明节时插柳枝于门和扫墓祭祖，有些地方则在祖坟上插柳枝，柳枝上缀着白纸条或布条，俗称"招魂幡"。可见，三月节是最早的扫墓节。

此外，三月节的饮食通常隐含生育的期许。如鸟卵（或鸡蛋）隐含对生命之神的礼赞，而被赋予一种特殊的神秘意涵。因此，传统上巳日会有"浮卵"、"画彩蛋"、"食鸡蛋"等活动，乃承自古老习俗。

据地方文献载，清代台湾人于三月节行春祠礼，人们准备牲礼、醴酒，采鼠曲草和米粉做粿，祭祀祖先。今日，三月节的习俗已被清明所置代，三月三日主要祭祀活动则为玄天上帝圣诞。

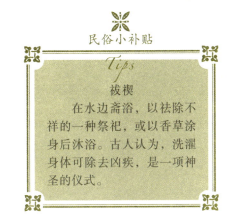

民俗小补贴

Tips

祓禊

在水边斋浴，以祛除不祥的一种祭祀，或以香草涂身后沐浴。古人认为，洗濯身体可除去凶疾，是一项神圣的仪式。

❀ 寒食节，古老的过年

寒食节是冬全后第 104 日，亦即清明节的前一天。今人皆以春秋时期介子推和晋公子重耳的故事作为寒食节起源，事实上，这是远古时期的新年习俗。

远在中国人遵循农历以前，人们是以大火星（心宿二行，是天蝎座的主星，英文名 Antares）作为示时的星象来安排生活作息。那时候，天上的大火星和人间的火种，被想象为有着某种神秘关系。每当季春大火星于黄昏出现东方之时，被人们认为是新年的开展，必须举行隆重祭祀仪式。仪式之一便是熄灭去年薪火相传下来的全部旧火，代之以重新钻燧取出的新火，作为新的一年生产和生活的起点，名曰"改火"，以表示过去的一年全部结束。旧火与新火交替之时，势必要准备足够的熟食，这些熟食是在禁火后至改火之前的冷食，所以叫"寒食"。寒食又以"煮鸡子"最具意义，因为鸡鸣为一日之始，具有生生不已、一元复始的象征。后世，寒食节还有"斗鸡、镂鸡子（染色并雕镂）、斗鸡子"的习俗，即为遗风。

火历被农历所取代以后，禁火、寒食、改火等作为新年的仪式，渐渐失去意义，后来这个习俗被人们以介子推故事填充进来，使古俗重新具有一种与时代精神相合的人文新意。在台湾，寒食节是不少宗亲会联合祭祖的日子。

❀ 清明节，培墓祭祖

清明日对酒

南北山头多墓田，清明祭扫各纷然。

纸灰飞作白蝴蝶，血泪染成红杜鹃。

——宋·高翥

冬至后第 105 五天是清明。清明原指二十四节气之一，是个"命蚕妾治蚕室"，准备开始养蚕的重要日子，而非民俗节日。然而，清明岁时往往落在三月节和寒食节之间；当农务成为人们生活核心，清明逐渐吸收三月节和寒食节习俗，而成为季春最重要的民俗节日，原本属于三月节的踏青和祭祖也就成为清明主要活动。

清代台湾的清明节，官方会在县城北郊设厉坛祭拜，并请城隍莅坛招魂，民间过清明节则是培墓祭祖。

培墓就是修坟兼祭拜的意思。首先要清理祖坟，除去丛生的树枝、野草，再以五色墓纸（泉州移民）、黄色墓纸

民俗小补贴 Tips

培墓和探墓厝

台湾人上坟祭祖通常一年有两次。正月初二，人们会到祖坟探视祭拜，祭品和仪式比较简单，称"探墓厝"；清明前后各十日内，都可以到祖坟祭拜，祭品和仪式隆重许多，是为"培墓"。

培墓步骤

1·清扫除草，打扫环境。

2·挂纸：以石头压上墓纸，俗信为先祖「修房子」。

3·摆放供品，祭祀祖先。先拜后土，再祭坟。

4·烧纸钱（后土：土地金，祖先：银纸），而后撒蛋壳。

草仔粿

润饼卷

（漳州移民）用小石子或土块压在坟上，然后才祭拜。传统上，供品要有猪头或猪肉、鸡鸭蛋、面粿、红龟粿、艾草粿（草仔粿）和润饼卷等。拜后土时，用茶碗放些茶叶即可，称"干茶"。祭品摆设好以后，先拜后土，才能祭坟。仪式完成后，要给后土烧土地公金，给祖先烧银纸。金银纸烧完后，在灰烬上浇酒，是为"奠酒"，最后鸣放鞭炮，培墓仪式完成。

收供品时，将鸡鸭蛋在墓碑上敲开，取食蛋白和蛋黄，蛋壳撒丢在坟上，这是三月节"食鸡蛋"的遗风，隐含有求子之意。而粿品往往会分赠樵夫、牧童或围观的小孩，称"揖墓粿"。今人培墓，祭品多已改为鲜花、水果。

◎清明吃润饼卷

润饼卷是一种以润饼皮包有众多熟食馅料的冷食，这是寒食节所遗留的食俗，此与春节期间的"炸春卷"，两者的制作方式和文化意义截然不同。

润饼卷的食材有润饼皮和熟食馅

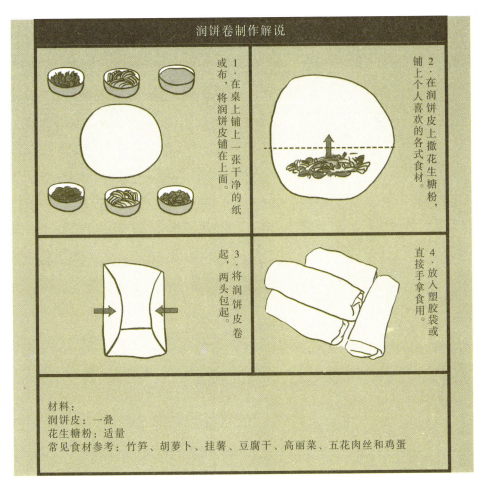

润饼卷制作解说

1. 在桌上铺上一张干净的纸或布，将润饼皮铺在上面。

2. 在润饼皮上撒花生糖粉，铺上个人喜欢的各式食材。

3. 将润饼皮卷起，两头包起。

4. 放入塑胶袋或直接手拿食用。

材料：
润饼皮：一叠
花生糖粉：适量
常见食材参考：竹笋、胡萝卜、挂薯、豆腐干、高丽菜、五花肉丝和鸡蛋

料。润饼皮通常是以面粉做成温面团，抓在手中，在文火小平锅上旋烙，拭成薄如纸般的饼皮，通称为"拭饼"。馅料通常是祭祖的牲礼和干炒食蔬，并无固定内容，原则就是要干，并需切成细丝状。食用时以薄饼皮包裹馅料和辅料（糖粉和花生粉），卷成圆筒状，双手握着就食。以前，润饼卷是清明节培墓祭祖后，族人团聚共享的食品，通常不会请外人食用；今日的菜市场却卖起润饼卷，真是不可同日而语呢。

❋ 玄天上帝圣诞

（农历三月初三）

玄天上帝的称号颇多，玄武帝、真武大帝、上帝公等为台湾人所耳熟能详。"玄武"原指二十八宿中的北方七宿，自古受到人们敬畏和崇拜。汉代以后，玄武被吸纳入道教神祇体系，初期神格甚低，仅是北辰紫微大帝的四将之一。

唐朝以降，玄武神格大幅提升为道教大神。宋代海外贸易发达，闽南一带出现以玄天上帝为海神的信仰。至明朝，玄武帝更成为"护国家神"。郑氏王朝经营台湾期间仰赖海上贸易，玄武海神信仰由此受到重视，成为台湾的守护神。入清以后，玄武帝在官方祀典中的地位逐渐衰减，但在民间仍有极大影响力，甚至普遍流传说玄天上帝乃是位杀猪屠夫，因深感罪孽深重，幡然悔悟，入山修炼成神。玄天上帝于焉成为屠宰业的祖师爷。

玄天上帝

民俗小补贴

Tips

南投松柏岭
受天宫玄天上帝香朝

松柏岭受天宫主祀玄天上帝，每逢农历三月初三，来自全台各地拥入的进香团达百计，阵头与香客络绎不绝，庙会气氛达至最高潮。

农历三月三日是玄天上帝圣诞，凡奉祀此神的庙宇都会举行祭典，尤以屠宰业者所举行的祭典最为盛大。

❀ 台南学甲上白礁

（农历三月十一日）

学甲慈济宫是台南学甲地区十三庄信仰圈的信仰中心。慈济宫主神保生大帝，相传神像来自福建漳州白礁村的"白礁慈济宫"，传统每逢农历三月十一日，以慈济宫为首的十三庄神明聚集在将军溪畔，举行遥祭祖庙的仪式，称为"上白礁"，同时举行盛大庙会和绕境活动。而每四年扩大举行刈香仪式，称为"学甲香"，为南瀛五大香之一。2008年原台南县政府公告："学甲上白礁暨刈香"为台南县县定文化资产。

❀ 大龙峒保生大帝祭

（农历三月十四日至十五日）

台北大龙峒保安宫主神保生大帝，每年农历三月十四日举行为期两天的盛大祭典。十四日神明绕境大稻埕，队伍非常壮观，沿途家户摆设供品，上香祭拜。十五日在保安宫举行祭典，演戏几天。大龙峒保生大帝出巡、大稻埕霞海迎城隍（农历五月十三日）和艋舺青山宫灵安尊王祭典（农历十月二十二日）暨暗访绕境，并称台北三大民俗盛事。

保生大帝

❖ 淡水三芝八庄大道公轮祀

（农历三月十六日）

　　两百年前，台北淡水、三芝一带居民就已经奉祀大道公（保生大帝），为了答谢大道公保佑，每年神明生日时，当地九个庄头轮流负责祀祭典。负责的庄头在前一年农历三月十六日，由炉主头家将神尊奉迎至村落，至大道公诞辰时（三月十五日）就杀猪酬神、迎神绕境，两百年来从无间断。

　　这项信仰活动最大的特色是没有主庙，祀神活动由轮值炉主头家负责，可说"九年一轮，无庙有像"。这是相当珍贵的地域民间信仰表征，可与台北市大龙峒保生大帝庆典相辉映。

三月疯妈祖

农历三月二十三日是天上圣母妈祖的生日，各地奉祀妈祖的宫庙皆举行盛大祭典，向妈祖供上牲礼、奉献演戏。

妈祖信仰起于北宋年间。相传妈祖原是林默（约960—978），生前因能预卜祸福且灵验，死后被渔民们奉为地方守护神。自古，闽粤地区渔业、航海业发达，妈祖乃成为闽粤的海神之一。后来，因屡显灵异而受到历代政府的褒扬，特别是清代，清廷晋封妈祖至“天后”之位，并将妈祖列入春秋致祭，台湾妈祖信仰因而空前发展，成为台湾三大信仰（王爷、妈祖、观音）之一。

每年农历三月，台湾各地许多妈祖庙庙方均会举行绕境、进香的宗教仪式。除了应有的祭神仪式外，邻近各角头庙亦共襄盛会，各路神轿结合阵头行列而成为壮盛的绕境队伍，沿途家家户户都会置香案，在门前供上牲礼、上香、鸣炮，烧金拜拜。即使没有供奉妈祖的庙宇，信徒们也会前往迎接祭拜。历史悠久的妈祖进香活动，

民俗小补贴

Tips

阵头

出巡绕境队伍，除了神明銮舆的神轿班队外，阵头具有壮大气势、炒热气氛不可或缺的作用。阵头是由人所装扮而带有神圣与游艺色彩的队伍，绕境时沿路展示、演绎所属队伍的角色和故事，若以演出性质约分为武阵与文阵两种。

武阵：宗教性质强烈，多有武术、特技展示之表演。如：宋江阵、八家将、七爷八爷、官将首、十二婆姐阵、大仙尪仔阵、跳鼓阵、高跷阵、蜈蚣阵、龙阵、狮阵等。

文阵：歌舞性质较浓，娱乐性强。如车鼓阵、牛犁阵、七响阵、番婆弄、才子弄、桃花过渡等载歌载舞的小阵，以及游艺类的花车、艺阁、布马阵、公背婆等。

近年在媒体大幅报导下扩大，使三月妈祖祭"疯"靡全台，人声鼎沸。

◎澎湖妈祖巡海

澎湖四面环海，所以每年澎湖天后宫妈祖出巡，皆以浩荡的船队绕巡各村港口，然后再返回陆上绕境。每当数十艘船只结队航行海上，场面壮观、别具特色。绕巡船队一一抵达各村港口，岛上庙宇及村民备香案、鲜花、素果恭迎圣驾，并派引导船到港外迎接；双方船只在海上相互燃炮致意。绕巡船队入港时，村民敲锣打鼓，燃放大串鞭炮迎驾，善男信女持香膜拜；待妈祖銮船靠岸答谢后，船队才开往下一个港口。

妈祖和千里眼（左）、顺风耳（右）

绕行全岛 46 个港口后返回马公港。当美丽耀眼的船队靠岸时，港内鞭炮与锣鼓声齐鸣，焰火在高空绽放，将妈祖巡海活动带入另一波高潮。澎湖人透过如此特殊的宗教仪式，表达出对妈祖的虔诚信仰，同时也凝聚了村里间的情谊。

◎林园凤芸宫海陆巡香

每隔四年，高雄林园地区的中芸凤芸宫举行妈祖海陆巡香活动，亦即借由海上和陆路前往安平灵济殿和开台天后宫进香。早期，中芸参与巡香活动的渔船多达六十几艘，尔后因渔货量缩减，导致渔民也不靠捕鱼维生，巡香渔船减少到目前的三十几艘。虽然渔船减少了，活动场面却一次比一次盛大，参与人数也一年比一年多，其中又以2009年最具规模，总共出动了37艘大型渔船、24顶神轿，动员约2000名的信徒，队伍浩浩荡荡。

整体活动分为海上巡香、安平会香，返回中芸后，隔天再举行绕境仪式，其中尤以海上巡香最具特色。

每当前往安平港的前一天晚上，所有渔船会试开船上的各类灯饰，顿时，海面因灯光投射而更加炫亮，使整个中芸港成为耀眼夺目的不夜城；同时间施放璀璨烟火，揭开海陆巡香的序幕。这项活动已经成为中芸和安平每四年一度的宗教盛事。

◎北港迎妈祖

北港朝天宫年度妈祖绕境活动，是日据时期全台两大祭典之一。早在日据时期，北港迎妈祖的绕境队伍规模就十分庞大，阵头、艺阁、大灯队、落地扫等，据《台湾日日新报》的报导，1932年间的人潮高达五六万人，为了输运香客，自动车彻夜运驶，火车班班客满。

北港妈祖绕境的重头戏是神轿"搰轿"，也称为"炸轿"或"吃炮"。搰轿是绕境最后的活动，当一顶顶神轿在报马仔开路下缓缓进入朝天宫，沿途接受信徒和商家将堆积如山的鞭炮放于轿底点燃，一路上炸个不停，这是信徒们展现欢迎的重要仪式，也相信鞭炮放愈多会愈旺发。加上轿夫个个神勇，一次又一次的炸，尽管火力再强，每个人已灰头土脸，但绝不会离开神轿半步，因而每次炸轿总会引来围观民众欢呼，这种互动促使每年活动愈晚愈疯狂，神尊完成入庙总要到天近破晓。许多全台各地慕名而来的游客，最喜欢看的就是"搰轿、吃炮"，与盐水蜂炮有异曲同工之趣。

◎大甲妈祖进香

"大甲妈祖回娘家"原本是大甲镇澜宫妈祖每年回北港朝天宫祖庙的宗教仪式。每年妈祖圣诞前,大甲妈祖择期展开徒步进香活动,自 2010 年起为期九天八夜,总行程约 250 公里。进香团成员男女老少皆有,早期许多上了年纪的妇女,脚穿布鞋、头戴斗笠,背上还肩负着大大小小的行李,坚持徒步进香;进香团所经之处,民众热情供应茶水、点心,有些商家也会特地张贴红纸条"欢迎大甲进香团免费进餐",充分表现台湾人的热情与虔诚。就这样,数千人的徒步者、脚踏车队、机车队和各种奇形怪状的拼装车队,一路从大甲、彰化、西螺到达云林县北港镇朝天宫。

1987 年镇澜宫至福建湄州祖庙进香之后,大甲妈祖改往新港奉天宫,称"绕境进香",至北港进香的百年传统至此改变。不过,今日大甲进香团规模更为壮大,是台湾年度宗教盛事。

◎土城圣母庙刈香

每三年一次的土城圣母庙刈香,俗称"土城仔香",是南瀛五大香之一。土城仔香原本参与西港香,而后于 1961 年自行举办。在盛大的绕境出巡队伍中,以"百足真人"蜈蚣阵最具特色。蜈蚣阵主要担任香阵前扫除沿途的凶神恶煞,确保绕境活动平安顺利。刈香时,奉祀于庙内的拾获王船会恭迎至庙前,接受信徒祭拜。祭王船而不送王船,这是土城仔香与众不同之处。

钻轿底:伏地心诚望始生!

◎白沙屯妈祖进香

苗栗县通霄镇的白沙屯拱天宫，每年一次的北港朝天宫徒步进香，在规模声势上虽不如大甲妈祖绕境进香活动引人注目，但典型渔村的特质，使这一项活动仍较为朴实。据说这项进香活动代代相传已160多年，1920年《台湾日日新报》曾报导过。

白沙屯妈北港徒步进香九天八夜，总共约400公里，是全台为时最长的两大妈祖进香活动之一。进香日期及其相关仪式时辰，会在前一年农历十二月十五日，由值年炉主向妈祖掷筊请示决定。活动最特殊也最辛苦的是没有固定的行止，全凭白沙屯妈祖"随心所欲"，没有人能预知该走那条路、会落脚何处，只能紧跟着大轿当下的决定疾行。于是，田埂、河床、泥径、陡坡都可能是所经行程。在进香仪式中，从朝天宫"乞火"，带回拱天宫"合火"，象征妈祖灵气的延伸传布。

◈布农人打耳祭

打耳祭，又称鹿耳祭、射耳祭，乃台湾高山住民布农人的传统祭仪之一。打耳祭的举行时间无固定，但多选在每年季春小米成长、除完草，亦即农事告一段落时举行。祭典当天清早，部落长老会先揉吹12岁以下男孩的双耳，祈求神祇保佑其健康、快快成人，而后开始射耳。年龄最小的男孩先持弓箭，由家族中最善猎者、父亲或舅舅协助，在兽耳的1.5米外进行射击。每人轮流射一次，必须射中鹿耳，否则会被视为不祥。孩童射完后换大人轮流射耳，大人射耳的过程不必按顺序，也不一定要射中目标。射耳结束后，由长老将兽肉分给男孩食用。举行过"熏枪"仪式后，族人唱起八部合音、跳庆贺丰收的舞蹈、报战功，以及进行鞭锣（类似打陀螺）来祈求小米丰收。

正确拜拜方式看过来！

一、**左进右出**：传统宇宙观，东、西、南、北四方皆有守护神，以庙宇为缩影则构成"左青龙、右白虎、前朱雀、后玄武"的认知。一般庙宇有左、中、右三个门，出入庙宇时要左进右出，取"入龙喉、出虎口"之意。入龙喉是跃龙门，出虎口则有除煞之意。庙宇中门多会用栅栏或矮板阻挡，不让信徒出入，因为中门是神明神圣通道。古人有左尊右卑、男尊女卑的观念，从左边为贵而发展出"男左女右"观念。因此，在庙宇外的石狮，若有公母之分，公狮子会置左边，母狮子则摆右侧。

二、**燃香拜神**：进入庙宇后，将金纸或供品摆放神前，接着燃香拜神。天公最神圣，除天公庙之外，一律先朝庙外拜天公，再朝内拜神明。拜神明，先主神，后从配祀神，完成后双手合十膜拜，即完成仪式。拜拜时，依照各人习惯可站可跪，有些人认为跪着拜较虔诚。

三、**插香数量**：基本上每一座香炉最少须插上一支香，慎重者，插三支或五支。总之，插香的数量必须是一、三、五等奇数，奇数象征阳气。插香要用左手，因为传统人们多用右手操持生活，杀生较多，用左手插香表示对神明的尊敬。

四、**拜神顺序**：主神是庙内最重要神明，一定安置于庙宇中间、最高的位置，拜完天公后，接着拜主神。配祀神安置于主神左、右两侧神龛，应先拜左边，再拜右边。如果庙宇规模比较大，左右皆有数个神龛，以靠近主神两侧者为大，再两边者次之，故拜拜时需一左一右轮流祭祀。有些庙宇尚供有其他神物，如神将、刑具。总之，只要有安置香炉，也要拜拜插香。而最后一支香祭拜安放于神龛底下的虎爷。大多数庙宇的虎爷会让信众祭拜，少数庙宇因为安置在内堂，只有庙宇銮生才能入内祭拜。

五、拜完神明后，若有问题可掷筊请示神意或是抽签询问神意。若是抽签，需要有三圣筊，该签才能代表神明旨意。

六、有些庙宇会提供平安符纸、祈福挂饰、佛珠手环等，在带走之前，要先拿到香炉上绕三圈，表示已得到神明的同意与加持，俗称"过炉"。

七、最后将金纸携至金炉焚烧，即完成此次的拜拜仪式。

进庙拜拜程序

1·入龙喉、出虎口（公狮子摆左边，母狮子摆右边）。
※左、右以庙宇坐向为准。

2·摆放供品、金纸，拾香点燃。

3·祭拜天公炉。

4·祭拜主神。

5·拿平安符纸、祈福挂饰、佛珠手环等到香炉上过炉。

6·烧金纸

四月【梅月】

公历5月3日~6月1日

农历四月称梅月，至此渐入夏季。古代，立夏是重要节气，皇帝率领百官行"迎夏之礼"；民间则有吃"七家粥"、"七家茶"、"尝三新"等民俗活动。四月还有"浴佛节"及"王船祭"等重要民俗活动。

四月重要民俗活动

四日	文殊菩萨佛辰
四日左右	立夏（万物已茁壮）
八日	浴佛节
十四日	吕纯阳祖师圣诞
十五日	释迦如来成佛日
中旬	台南西港庆安宫香科刈香（三年一科）
十六日	黑虎将军祭
十八日	华佗神医先师千秋
十九日左右	小满（万物渐盈而未全熟）
二十日	府城隍爷圣诞
二十二日	南鲲鯓王爷祭
二十六日	神农大帝圣诞
四月期间	屏东枫港德隆宫迎王平安祭典（三年一科）
◆ 客家桐花祭、土城桐花节（农历三月至四月，公历4月至5月）	

◈ 立夏"补夏"食俗

古代，尝新是天子仲夏的活动，这项活动传到民间后，演变成亲朋好友们，在立夏日聚会品尝夏日时食的活动。如品尝青梅、稷麦、樱桃又称"尝三新"，而"七家粥"与"七家茶"也是立夏尝新的另一种形式。七家粥是汇集了左邻右

舍各家的米，再加上各色豆子及黄糖熬煮
成大锅粥，由大家来分食。七家茶则是各
家各自将新烘好的茶叶，混合后烹煮成或
泡成一大壶茶，再由大家欢聚一堂共饮。

传统台湾人于立夏日"补夏"，富裕
家庭设美酒佳肴邀请亲朋享用，或宰杀鸡
鸭蒸当归来进补，据说可补夏天酷热失
眠，且可除去一切疾病；常民家庭则多买
大面，饱食全家。

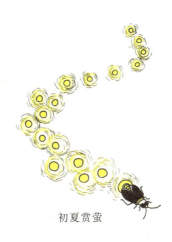

初夏赏萤

❀ 四月初八浴佛节

四月初八是释迦牟尼佛的圣诞。佛教徒为庆祝佛陀诞辰，设香汤举行浴佛仪式，
这是模拟佛陀诞生时，天龙下凡端来生产时沐浴水的情境。浴佛可净化个人"身、口、
意"，让身行、语言、意念都能保持洁净。近十余年来，台湾外来劳动者人口倍增，
有些地方政府为了让外来劳动者略解思乡之愁，会在这一天前后举办泼水节活动，
让他们在相互泼水中祝贺新年。

❀ 西港庆安宫刈香绕境

（农历四月十日至二十日）

三年一科的台南西港庆安宫刈香绕境是南瀛五大香的西港仔香，源自八份庄
姑妈宫（位于西港的东边）十三庄绕境请水的宗教活动。1823 年 7 月曾文溪泛滥，
相传大水影响请水仪式，遂由三十六庄长共同掷筊请求神示，后由三十六庄之一
的西港庆安宫接办。

1847年庆安宫重修落成，举行庆成王醮和扩大绕境，并增加王船祭典，形成香、醮合一的活动形态，同时将请水的地点由"十八欉榕凹湖仔"改往北汕尾鹿耳门妈祖宫。1871年7月间曾文溪改道，妈祖宫被大水冲毁，1874年乃改往妈祖宫旧庙址水路（鹿耳门溪）请水，此后60余年间，香路扩大为七十二庄。

1940年因请水的交通相当不方便，适时鹿耳门溪北的土城仔方面表示欢迎，乃决议改往土城仔保安宫进香，将"请水"改为"请妈祖"，迎请土城仔妈祖回西港建醮看热闹。1961年改往北汕尾妈祖宫、鹿耳门天后宫请妈祖，直至今日，这也是目前刈香请妈祖的形式。千禧年香境含括九十六村乡，成为"台湾第一大香"。2009年西港刈香经"文建会"评定为全台民俗活动，为台湾无形文化资产。

西港仔香主要内容分"刈香绕境"及"王醮"两部分。前者是指南下前往鹿耳门天后宫请妈祖，以及一连三天的绕境，香境各庄总动员，刈香绕境场面浩大，参与阵头内容丰富且以维持传统而闻名。其中，文阵以歌乐为主的音乐阵头"文武郎君"最特殊；武阵有所谓"脚巾"组织，计有红、黄、青、绿和蓝五种，堪称最大特色。王醮则由道士团进行，主轴是王船祭典，仪式沿袭古制，最后压轴的烧王船由香境各庄庄民合力齐拉到南海埔曾文溪畔举行，恭送千岁爷回天庭缴旨，场面盛大，蔚为民间信仰奇景。

❀南鲲鯓王爷祭

（农历四月二十二日

至二十七日）

台南县北门乡的南鲲鯓代天府（俗称南鲲鯓庙），是台湾地区首座王爷庙，分灵或分香庙宇遍及海内外，所以有"王爷总庙"或"王爷故乡"之称。一年有四大香期，分别是农历四月、六月、八

建醮人偶：幕幕故事传永世！

月和九月，又以四月香期最为热闹。每逢进香期，从各地拥来进香的善男信女数万人，艺阵和花车在庙前广场表演，锣鼓喧天，鞭炮声不绝于耳，吸引大批信众和民众围观，十分热闹。这是民间继"三月疯妈祖"之后，又一个热闹非凡的民俗活动。

◉ 客家桐花祭
（农历三月中旬至四月中旬）

20世纪20年代，日本人引进油桐树入台造林，后来从油桐研发出可作为涂料的溶剂原料和桐油，同时也是火柴工业所需之火柴梗木料。在此商机下，油桐几乎遍布全台。

20世纪80年代末，随着台湾产业结构转变，油桐树丧失经济价值。然而每逢暮春、初夏之际，油桐花开得分外雪白，特别是在北部山区，当春风轻拂，淡粉色的花瓣宛如雪花般纷纷飘坠，将大地装点成银白世界，远看还以为是下雪呢！"五月雪"终在诗人的笔下成为台湾油桐花的符码。

1997年台北县土城承办台湾文艺季，便以"土城朝山桐花节"打响清凉山一带油桐花的知名度，将原以生产制造为主的油桐转变为观光休憩的文化素材。2002年"行政院客家委员会"首次筹办客家文化节，以白色油桐花象征纯洁善良优美的客家精神，客家桐花祭成为系列活动主轴。如今，"五月雪"客家桐花祭已成为初夏北台湾山区最重要的活动。

2004年，在土城天上山建立了桐花公园，是台湾第一座以桐花为主题的公园，亦是有名的赏桐花地点。

四月【梅月】

看得懂传统历法

天干、地支：简称为干支。古人编排历法时间时，用以充当数字来推算的符号。

天干有十个：甲、乙、丙、丁、戊、己、庚、辛、壬、癸。

地支有十二个：子、丑、寅、卯、辰、巳、午、未、申、酉、戌、亥。

地支与时间的关系												
地支	子	丑	寅	卯	辰	巳	午	未	申	酉	戌	亥
生肖	鼠	牛	虎	兔	龙	蛇	马	羊	猴	鸡	狗	猪
月份（农历）	十一月	十二月	一月	二月	三月	四月	五月	六月	七月	八月	九月	十月
时辰	23|01	01|03	03|05	05|07	07|09	09|11	11|13	13|15	15|17	17|19	19|21	21|23

干支纪年

一个天干配上一个地支，天干在前、地支在后，就是传统的"干支纪年"的历法。天干由甲开始、地支由子开始，第一个年是为甲子年，其次是乙丑年，依序十天干和十二地支组合搭配成六十个年。每六十年为一周期循环，亦即从第一个甲子年到下一个甲子年的时间要历经六十年，所以六十年又称为"一甲子"。例如下表是以 1984 年为基准往后推算一甲子的干支年。

以 1984 年为基准的干支纪年表									
甲子	乙丑	丙寅	丁卯	戊辰	己巳	庚午	辛未	壬申	癸酉
1984	1985	1986	1987	1988	1989	1990	1991	1992	1993
甲戌	乙亥	丙子	丁丑	戊寅	己卯	庚辰	辛巳	壬午	癸未
1994	1995	1996	1997	1998	1999	2000	2001	2002	2003
甲申	乙酉	丙戌	丁亥	戊子	己丑	庚寅	辛卯	壬辰	癸巳
2004	2005	2006	2007	2008	2009	2010	2011	2012	2013
甲午	乙未	丙申	丁酉	戊戌	己亥	庚子	辛丑	壬寅	癸卯
2014	2015	2016	2017	2018	2019	2020	2021	2022	2023
甲辰	乙巳	丙午	丁未	戊申	己酉	庚戌	辛亥	壬子	癸丑
2024	2025	2026	2027	2028	2029	2030	2031	2032	2033
甲寅	乙卯	丙辰	丁巳	戊午	己未	庚申	辛酉	壬戌	癸亥
2034	2035	2036	2037	2038	2039	2040	2041	2042	2043

五月【蒲月】

公历 6 月 2 日 ~ 6 月 30 日

农历五月称蒲月。五月天气逐渐炎热，瘴疠四起，毒虫肆虐，疾病流行，家家户户挂上菖蒲以驱毒辟邪，所以称为蒲月。

五月重要民俗活动

一日	新庄大拜拜
	南极长生帝君圣诞
五日	端午节
六日左右	芒种（此时可种有芒之谷）
五日至六日	清水祖师成道
六日	淡水迎祖师爷
七日	巧圣先师圣诞
十一日	彰化鹿港鲁班公宴
	天下都城隍爷圣诞
十三日	大稻埕霞海城隍祭
	台南武庙关圣帝君祭
	关平太子圣诞
十七日	萧府王爷圣诞
十八日	张府天师圣诞
二十一日左右	夏至（时夏将至）

◈ 新庄大拜拜

（农历五月初一）

台北新庄地藏庵俗称"大众庙"，相传最初仅奉祀文武大众爷（即无主孤魂），后来才又供奉地藏王菩萨，因此又称为地藏庵。

农历五月初一是文武大众爷圣诞，也是新庄一年一度的大拜拜。大众爷圣诞的前一天黄昏，地藏庵举行盛大的"暗访"。大众爷在官将首和七爷八爷开路下，巡访大街小巷，捉拿恶鬼，除邪镇煞，沿途信众设香案祭拜，祈求合家平安。大众爷生日当天，大众爷率领众将官与阵头，兵分三路出巡，沿路分发"咸光饼"和"平安符"。据说吃咸光饼可保健康，平安符则保平安。同时，家家户户杀猪宰鸡大宴客，整日热闹非凡，近来家家户户办桌请客的习俗渐渐少了。2010年底，新庄大拜拜被台北县政府登录为文化资产中的"民俗及有关文物"予以肯定与保护。

新庄大拜拜最具特色者，莫过于大众爷出巡阵头中的文武判官和官将首。官将首和大家所熟知的八家将不同，以前仅新竹以北的庙才有，20世纪90年代以来才扩展到全台各地。依据李宗益的研究指出，官将首是阴兵、阴将的领军大将军，也就是地藏王菩萨的护法"增损二将军"；台湾的官将首团传说发源自新庄地藏庵，当时是为了展示文武大众爷出巡，而发展出这种具有浓厚宗教色彩与信仰特色的民俗艺阵。

民俗小补贴

Tips

咸光饼

咸光饼又名平安饼，是地藏庵文武大众爷暗访及圣诞的应景食物。民间流传，佩戴在官将首脖子、腰间、武器上的咸光饼最灵验，所以官将首会将咸光饼挂在颈上，供大众上前抢食，是每年大拜拜新庄人必吃的点心。

咸光饼

好神

官将首

官将首和八家将

官将首为佛门护法"增损二将军",步伐阳刚,口中獠牙,两鬓长毛。最早由二人所扮演,后来艺师黄秋水请得神意,将增将军化身为二位,变为增将军二位、损将军一位,三位出阵,更显佛威;所以现今出阵多为三人,不过也有自加引路童子、阴阳司、虎头铡等而为五人或七人。

至于八家将,乃阴司差人,步伐阴柔,亦无獠牙、鬓毛,其阵式组成以四大将(甘爷、柳爷、范爷、谢爷)与四季大神(春、夏、秋、冬)为主轴,所以称为"八家将"。八家将整团并非只有八个人而已,基本上队伍前方会再配上一位刑具爷与文差、武差,共有11位成员。除此之外,若再加上文判官、武判官两位,就合称为"什家将"。

地藏王菩萨

❀ 五月五庆端午

五月正值仲夏,天候湿热,蚊虫滋生肆虐,疫疬肆行、容易生病,致使古人视之为毒月或恶月。端午节是五月最重要节庆,这天的诸多习俗根由,也就不外为了祛除疫疬以保身体健康。

传统台湾的端午习俗,这天一清晨,人们会燃一束稻梗,到屋内各角落熏除秽气,然后到门口路边烧冥纸,称为"送蚊"。门楣上悬艾草、菖蒲兼插禾秤,驱避蚊虫;插榕枝叶一枝,祈求康健长寿。家家户户包粽子,人们互赠粽子和西瓜,备牲礼、大面、肉粽、甜粽、西瓜和菠萝等祭祀神明和祖先，并于家中小孩手腕系上五彩缕。届午时，家家纷纷向井里汲水，名曰"午时水"，水储放在陶瓷罐中以备解毒之用。拜拜结束后，再以榕枝或艾草叶蘸雄黄酒洒屋内，以除五毒。而五月节最重要的活动，当然得数"斗龙舟"了。

◎斗龙舟、包粽子

斗龙舟、包粽子是端午节最具象征性的庆典活动。依据闻一多的研究，此习俗缘起于春秋时期的吴越祭祖。相传吴越人自认为河神"龙"的后嗣，每到五月五日这天，便在江边举行盛大祭典，将各种食物塞入竹筒或裹以树叶制成"粽子"，部分放于水中当作祭品献呈龙神享用，部分则留供自家族人食用。祭祀之外，还制作了龙形木舟，在水上比赛竞渡借以娱悦龙神，并祈求族人免受天灾威胁。此习俗后来被置入屈原跳汨罗江自尽，人们为悼念屈原而投粽入江、赛龙舟的故事。至今，斗龙舟、包粽子仍是华人社会在端午时节的重要活动。

台湾粽

台湾粽通常以竹叶、月桃叶、芭蕉叶来包裹，以白棉线或咸草捆扎，其样式多成锥立四角形状。不过，台湾粽的口感南北有差，客家也有其独特的做法。南部粽以生糯米为主要食材，洗过的糯米加花生再包馅料后"煮熟"；北部粽的糯米需先油炒过，再包入馅料后"蒸熟"，有点像是包在竹叶里的油饭，味道也较重。这两类粽子的馅料，不外猪肉、香菇、虾米、咸蛋黄或鱿鱼。至于客家粽，形状多包成长条形，食材不加花生而改包绿豆仁为其特色。1949年后，大量军民迁台，随之传入的粽类亦多，如广东口味的裹蒸粽、江浙口味的湖州粽。

台湾习俗中，若某家有丧事或办完丧事未满一年，则端午节不能包粽子，通常带有这些禁忌的家庭，端午节粽子应由女主人娘家或亲戚赠送，名为"送节"。

端午斗龙舟

　　早期台湾人从五月一日起即投入端午龙舟活动，通常寺庙及沿海船只会划船出海，鸣锣击鼓，称为"龙船鼓"，如此长达五天。至五月五日这一天，民间自行筹组比赛，通常以钱或布为彩，三两舢板渔船于海口浅处竞赛，胜者鸣锣，即可得采，称为"斗龙舟"。日据时期，这种活动更加风行，台北艋舺（今万华）的"斗龙舟"甚至长达十余日。

　　通常"斗龙舟"有一套完整的习俗，五月初一须举行"请水神"仪式，由道士带领，敲打龙船鼓，将龙船划至江边迎请水神；初二则是"龙船会"，在炉主家中商讨划龙船的种种事宜；初五清早先祭拜龙船，祈求竞渡顺利，午时才展开热闹赛事。比赛结束后举行"送水神"仪式，演戏酬神，行谢江之礼，将龙船修补好封存，谓之"收龙船"，以待明年的比赛。今日的赛龙舟皆由地方政府主办，仍保留此一古老的民俗活动。

各式台湾粽

北部粽
（蒸煮法仿似油饭）

糯米配红葱头、酱油、胡椒、盐等炒至八分熟，再将内馅如炒过的猪肉、竹笋、豆干、香菇、虾米、萝卜干和卤蛋等包入，置于蒸笼内炊熟，如此粽子既具咀嚼感又不致太黏腻。

南部粽

将洗过的糯米加花生，混合成基本饭料。常见内馅料包括猪肉、豆干、红葱头、芋头、栗子等，包好的粽子用水煮方式至糯米心熟透起锅，食用时蘸取调味料。因水煮时间较长，口感上通常较客家米粽更软烂些。

客家粿（板）粽

混合在来米与糯米，泡水浸渍两至三个钟头，将其研磨成浆，沥干后制作成米糊。以猪肉为主搭配炒过的五花肉、肉末、虾米、豆腐干、萝卜干和红葱头等做内馅，包粽前须先在麻竹叶上抹油，以免蒸熟后粘黏粽叶不易剥食。客家粿粽略油但咸香有味，口感软嫩具咬劲，成为具"客家传统"特色的食品。

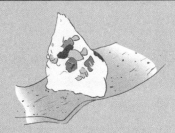

客家米粽

将蒸过的糯米饭混合后腿猪肉、虾米、菜脯、十香菇丝、香葱头、胡椒粉及酱油等香味四溢的馅料，以晒干的麻竹叶包裹。以蒸煮方式蒸熟后，便可享用地道的客家米粽。

碱粽

圆糯米洗净沥干后，以碱水浸泡，再用青竹叶包裹。裹起来的粽体经过水煮呈果冻状，晶莹剔透，口感似年糕，置于冰箱冷藏后的成品又称"冰粽"。碱粽可蘸蜂蜜、砂糖、红糖或淋糖浆，都是绝配，冰凉可口十分消暑。

五月 【蒲月】

艾草

◎浴兰汤

在燥热的端午节来个浴兰汤，可是古老的保健习俗。所谓浴兰汤是以菊科的佩兰煎水沐浴，既除瘴疠又满身清香，恰如屈原《楚辞·九歌》所提"浴兰汤兮沐芳华"，实乃赏心怡悦之事，更为端阳佳节平添无限情趣！

台湾的"浴兰汤"，习俗是以艾叶、菖蒲、苦草等为材料煮成热水供家人沐浴。《本草纲目》记载："菖蒲，气温味辛，功能解毒、杀虫；艾叶，气味芳香，能通九窍，灸疾病；苦草，味苦性温，能祛风湿。"在端午佳节洗个台式"浴兰汤"，解毒消湿、杀虫祛病，可说是炎炎仲夏最佳保健做法。

◎蘸雄黄酒

古代认为雄黄可以克制蛇蝎类等百虫，人们准备雄黄、柏子、桃仁、蒲片、艾叶等香草，浸入酒后再用菖蒲、艾草蘸洒于墙壁、角落、门窗、床下，也将酒涂抹孩童耳鼻、肚脐等部位以驱除毒虫，保护他们平安健康长大。有些地区会用雄黄酒在小孩子额头上画上"王"字，戴上有王字的饰品、穿上有王字的衣物，让小孩子带有老虎印记，借虎形辟邪。

◎系五彩缕、挂香包

端午节要为家中小孩结上五彩缕，男系左腕、女系右腕。五彩缕又称长命缕，乃从文身保平安的仪式蜕变而来。此外，端午节有挂香包习俗，目的在辟邪。早期端午节佩挂在身上用以辟邪的是艾虎，是用艾叶扎制成虎形，后以黄绢制成小虎取代，称虎仔香。艾虎和虎仔香主要佩挂在儿童身上，因他们身小体较弱，更需辟毒邪。而后有裁制成各种形状者，就是香包，也不再限于儿童佩挂。香包内装的是丁香、苍术、茴香、麝香等香料药材。

◎取午时水

相传端午节正午时分，由井里所取出之水的阳气最盛，称为"午时水"。午时水若能适当地保存，能够整年不坏，功用也很广，民间相信可以用来治病、净身、辟邪、净宅、去除瘴疬、增强运势等。所以有俗谚说："午时水饮一嘴，较好补药吃三年"、"洗午时水，无肥亦水（美）"、"午时洗目眶（眼睛），明到若乌鹙"。

午时水＋立蛋: 端午午时别错过！

❀淡水迎祖师爷

（农历五月五日至六日）

清水祖师的圣诞是农历元月六日，这天理应才是清水祖师庙最重要的祭典日。不过，对台北淡水清水岩清水祖师庙而言，农历五月初五至初六举行迎祖师、大拜拜才是年度最重要的宗教盛事。

淡水清水岩主神清水祖师，相传显灵时鼻子就会掉下来，因而有"落鼻祖"之称。依据日据时期民俗学者铃木清一郎的调查，清水岩清水祖师神像原本是淡水翁姓私人所供奉的神。1884年清法战争期间，提督孙开华向祖师祷告而击退法军，乃奏请朝廷赠匾，无奈翁家民宅屋小，不得已将匾额和神像寄奉在艋舺祖师庙，落鼻祖遂成为往来于艋舺和淡水之间的神。尔后，淡水人每年都会迎请落鼻祖回淡水绕境，并举行大拜拜。早期绕境、夜访的日期并不固定，约在农历五月至六月间，20世纪初定为五月六日。

淡水落鼻祖威灵显赫，长期却无定所之庙宇，淡水士绅李文珪、许丙等，遂在1934年募建"清水岩"以奉祖师，1937年落成。而后五月初五"迎暗访"以及五月初六绕境大拜拜的习俗，便成为清水岩年度最重要祭典。这两天，淡水各街人山人海，水泄不通，民间各种音乐队、阵头整日络绎不绝于途。家家迎神，户户宴客，游客吃拜拜，构成淡水迎祖师爷的热闹景象。

◈ 大稻埕霞海城隍祭

（农历五月十三日）

台北大稻埕霞海城隍庙是清代淡水县的县城隍庙，平时香火就很盛。五月十三是城隍的祭典，这一天信徒抬着城隍爷神轿绕境台北市街，众多从神随行，阵头、乐队沿街演出，信徒列队跟从者成千上万。早在日据时期，霞海城隍祭即与北港迎妈祖齐名，并列台湾两大宗教活动，而有"北港迎妈祖、台北迎城隍"的美誉。

好神

城隍爷

迎城隍主要特色是"暗访"活动。通常"暗访"活动于农历五月十一、十二日下午6点开始，由城隍爷带领部将深入窄弄小巷，访察民间善恶隐情，缉私捕凶、扫妖除魔，以保佑地方安宁。出巡队伍约至午夜方回到霞海城隍庙。为期两天的暗访活动后，五月十三日在城隍庙举行正式的庆典大游行，民间轩社、各神明会或寺院都会共襄盛举，各种阵头与神舆全部出笼，将庆典推到最高潮。近几年，霞海城隍庙扩大此项传统的活动，而成为一连十五天的"台北霞海城隍文化季"。

❖ 犁头店木屐赛

台中南屯区犁头店是台中市历史发源地，原是平埔人的旧居地。清代汉人入垦后，为了农事需要，打造农具和生活器皿的商店如雨后春笋般相继出现，不久形成了一条打铁街，全盛时期打铁铺约有三十余家，其中又以坚固耐用的犁头农具备受农家欢迎，而称为"犁头店街"。

木屐竞走：人龙齐走超有趣！

相传犁头店的地理形势是属于穿山甲穴，穿山甲被先民视为灵兽，它活动的时候代表充满活力，遂成为效率、勤奋之表征；不过它却有睡午觉的恶习，且常一睡不起，尤其农历五月春夏交接的炎热季节更为严重。因为穿山甲贪睡，表示地方不再兴旺、鼎盛与发达，一切工作将面临停摆。先民为求地方繁荣，会在农历五月某一日，集体穿着木屐，在街道上来回奔跑跳跃，更甚者用沙包或米袋直接拍打地面，使之发出巨响，期能震醒穿山甲。

如此习俗，经百余年间演变，木屐改为用一块长木板，上设四处鞋耳扣环，再把两块长木板并在一起，称为"连环木屐"，由四个人同时穿着竞走。久而久之，遂成为犁头店小区一项竞快比赛的民俗活动，代代相沿成习。

六月【伏月】

公历 7 月 1 日～7 月 30 日

农历六月称伏月，为盛暑之月，天气炎热多雨，万物蛰伏不出。因荷花盛开，又称为荷月。田间活动主要是除草与施肥。

六月重要民俗活动

一日　　半年节、开天门

三日　　韦驮尊佛佛辰

六日　　天贶节、神诞节、曝龙袍

七日左右　小暑（天气已热，未到极点）

八日　　云林口湖牵水状

十一日　田都元帅生日

十二日　彭祖忌日

十五日　半年节、台中城隍爷圣诞

十九日　观音菩萨得道日

二十二日左右　大暑（天气至热）

二十四日　西秦王爷圣诞

◆关圣帝君圣诞

◆雷祖大帝圣诞

◆南极大帝圣诞

◆花莲吉安阿美人海祭

◆台东南王部落海祭

❖ 半年节

六月，一年已过了一半。传统中国人认为，六月后是"阴阳争、死生分"的仲夏时刻，要"毋燥，止声色，节嗜欲，定心气"。换言之，过了大半年，要大家小心地来度过后面更严峻的秋冬时节。台湾习俗上，人们会在六月初一或十五日做"半年圆"，又称"过半年节"。通常，客家人在初一做半年圆，叫作吃"粄丸"或"半年丸"，其他族群则在十五日。

半年圆是用红曲和糯米粉制作而成的汤圆，泡以糖水，或加福圆，先是供神祭祖，然后分食。一方面感谢上半年无灾无难，也希望下半年一家大小能团团圆圆地平安度过。近十余年来，有地方的六月节习俗是针对上半年运气较不顺的人，除搓半年圆外，还会制作补运糕等，也有到庙宇祈求神明帮助摆脱霉运，这种做法可能是混杂了天贶节的习俗。

儿童游戏：丢沙包

🏵六月初六天贶节

农历六月初六天贶节（贶音"况"，赐的意思），源自中国宋朝皇帝认为此日有天书降祥瑞，故定为"天贶节"。民间习俗这一天是开天门的日子，地方寺庙或宫坛会趁此举行消灾祈福法会。一清早，善男信女会前往寺庙参拜，补运、祈福消灾。补运供品为未剥壳的干龙眼，俗称"福圆"，其数目和形式是有意义的，中间一粒为一家之长，周围象征家眷人数，有些庙宇会另外替信众准备替身，一样也是取家眷数目。祭拜后将福圆剥壳食用，希望拔除厄运，谓

天贶晒物：除湿杀菌老智慧！

之脱壳。不过，今人"补运"风气更盛，早已不限六月初六了。

同时，这一天尚有"晒伏"习俗，相传这天是皇帝晒龙袍的日子，因而人们晒被服、官家晒袍服、文人晒书籍，据说晒伏后的物品可防霉蛀，更易于保存。民俗专家赵书介绍说，天贶节在古时又名"亮宝会"，清代名臣纪晓岚曾于这一天在大庭广众之下"曝晒"肚皮，因为他觉得自己最大的宝贝就是肚里的学问。

❀云林口湖牵水状

（农历六月初八）

牵水状：风吹水状响彻天！

"牵水状"亦即超度因水难冤死的亡魂。每年农历六月初八，云林县口湖乡金湖万善爷庙和蚶仔寮旧港开基万善祠庙举行牵水状的仪式，这是为了超度公元 1845 年（道光二十五年）六月八日海啸重创口湖地区所造成的成千上万死难的亡灵。水状约半人高，由细竹片扎成长方圆体状骨架，糊上一层薄纸，四方每边上中下各印恶面图案，有男有女共计十二尊。通常，初七或初八之日村民会依家中人口数购买水状，并写好献祭者姓名，以表追思之意。

初八早上，村民忙着祭拜万善爷和排放水状，道士进行念经诵忏的超度科仪，善男信女跟拜。数千水状沿着道路排开，道尽金湖人对先民无尽的追念。风一过，水状被吹得轧轧作响，仿佛当年排山倒海的巨浪正扑扫而来。下午在道士长的龙角吹响后，正式开始牵水状。

早期，牵水状要用手转动水状，老人家牵着水状时，往往哭到死去活来，场面相当哀凄。近来，因水状数量庞大，长达公里计，且怕被风吹倒，早已用绳索固定，所以今人牵水状仅能象征性用手触摸。当男女老少一个接一个穿梭于一列列的水状之中，并用手触摸，象征慰藉每一条亡魂。这种仪式除信仰外，还蕴含有无比深沉的情感与温厚的人情味！夕阳西斜，人群逐渐散去，整个仪式就在熊熊烈火焚烧堆得如山般高的水状中结束。

花莲吉安阿美人海祭

每年，约在农历六月间，花莲吉安的阿美人会在部落举行海祭。以前，在他们村旁有一间以草和木板搭成的屋子，里面摆着一艘颜色灰暗的独木舟，

阿美人木舟：精雕细琢最吸睛！

长约三米，宽约半米，据耆老相传，那就是他们祖先自海外乘坐而来的小"臼"。每年举行盛大的海祭时，他们便把这小"臼"推入海中，再度行驶靠岸，以纪念先祖移民的冒险精神。

台东南王部落海祭

（农历六月中旬，公历7月中旬）

台东卑南人每年于小米收成后举行海祭。他们以新收成的小米酿制成酒，在海祭这一天，带着小米酒到海边煮小米饭糕做祭品，在祭司引领下朝兰屿方向遥祭，表示祈祷、感谢、丰收之意。参加者每人拿一粒小米饭，朝兰屿方向祭奠三次，再以酒朝同方向轻洒，如此仪式全部结束后，便返回部落举行庆祝活动。相传这是为了纪念其先祖将小米种子从兰屿带到部落，此祭仪可谓充分展现慎终追远的精神。

七月 【荔月】

公历 7 月 31 日 ~ 8 月 28 日

农历七月称荔月。初七时女眷拜织女，文人祭魁星，成年还有做十六岁的成年礼。十五日佛教道教举行普渡，此外还有抢孤、赛猪公等活动。七月是祭祀活动繁盛的月份。

七月重要民俗活动

一日	鬼门开
七日	七娘妈生、魁星祭
八日左右	台南开隆宫做十六岁 立秋（阴意出地，始杀万物）
十四日	放水灯、基隆中元祭
十五日	中元祭
十八日	瑶池王母娘圣诞
二十日	花莲慈惠堂母娘香朝
二十四日左右	新竹新埔义民祭 处暑（暑气将退，伏而潜处）
三十日	延平郡王圣诞 鬼门关、地藏王菩萨佛辰

❖ 鬼门开

（农历七月初一）

农历七月，是台湾民间俗称的鬼月。

相传七月初一鬼门开(打开幽冥界的大门)，直到七月最后一天才关鬼门。其间，阴间的"好兄弟"都会一起来到阳间，徘徊街上，期待受到人们的供祭。

从初一开始,家家户户就会准备供桌,摆上五味碗(鱼、肉、鸡、鸭、菜五种食品)、米饭、水果等各式食物来拜拜。初一下午的祭祀,俗称"拜门口",民间有两种说法:一种是为了填饱好兄弟饥饿的肚子,避免其前来为恶捣乱,所以要准备丰盛食物,

鬼月拜门口摆供

农历七月初一(鬼门开)、十五(中元普渡)、三十(关鬼门)下午2点后开始祭拜,不可摆桌于门内或庭院内,否则会将好兄弟引入。将供品摆在门口向外拜,是拜好兄弟,在屋内放供桌向屋内拜,是拜地基主。

香插于各项供品与脸盆,祈求生意兴隆。往昔只有七月半中元普渡时才于供品上插香。

凳子上放置脸盆,盆内装水,毛巾展开铺放于脸盆之上。

用杯碗装米供插香用。

供品由外侧至内顺序:最前方摆上三或七杯酒及筷子,让好兄弟能一边饮酒,一边举箸享用。酒、筷之后摆菜碗,单数为主流(如五味碗),正中摆三牲(全鸡、猪肉、整尾鱼),后方为四果(当季水果)、干料米食和单数的饮料、罐头。

金纸种类:
经衣、白钱、九金、银纸。

※ 金纸须在插香燃尽之前入金炉烧,烧完金纸后将酒和脸盆的水往外泼酒,祭拜仪式才告结束。

"拜门口"须知:
三牲摆法:
左鸡、中猪、右鱼,鸡犒头、鱼犒尾,所以鸡头、鱼尾朝向神明。
菜碗数量:
菜碗数量有两种说法:一种是数量要奇数,因为喜庆成双,丧葬成奇,因好兄弟比较偏不好的,所以要用奇数;另一种是数量要偶数,因为奇数为阳,偶数为阴,祭拜好兄弟属阴,所以要用偶数。
烧金:
初一如拜的是过路游神,可烧寿金或福金,若是拜好兄弟则否。十五普渡时,基本上会先拜普渡公,普渡公拜完先烧寿金或福金,后再拜好兄弟时烧经衣、银纸等。

好神

魁星踏斗

最后还要焚烧纸钱提供花用；另一种则是祭拜"过路游神"，为了避免七月时常被好兄弟骚扰，所以要先祭拜管理好兄弟的神明。如何区分这两种呢？如果供品上没有插香，就是祭拜神明，反之供品上有插香，就是祭拜好兄弟。祭祀对象不同，焚烧的纸钱也有差异。

到晚上，为了要照明其通路，家家户户的门口悬挂称为"普渡公灯"，上面写着"普渡阴光"或"超生普渡"，庙方也竖起长竹竿做的灯篙，高高将灯笼挂起，为农历七月拉开序幕。不过，倡导节约，不少寺庙在官方"劝导"下，不再立灯篙；甚至原本拜门口的习俗，也因政府为避免浪费，统一于农历七月十五日一齐举行，从而简化或消失。

◈ 七夕乞巧会祭魁星

（农历七月初七）

七月初七是七夕，千百年来，牛郎织女故事无疑是最重要的话题。人们相信，织女是天帝的孙女，贤惠秀丽，善于纺纱织布；牛郎是位精于耕种的俊秀青年。民间流传诸多牛郎、织女的浪漫爱情故事版本，共通结局都是分隔两地，期待每年七夕夜的鹊桥会，所以七夕那天所下的雨，传说就是织女的眼泪。

如此凄美而浪漫的神话，人们从中汲取积极意义，惕励世间男女。这天晚上，人家女孩在中庭摆香案，案上放针线和瓜果，向织女祭拜，或有女孩们借着月光比赛看谁先将线穿过针孔，称为"乞巧会"。至于男子活动，称为"魁星会"，私塾学生准备祭品祭拜魁星，设佳肴宴请老师。无论乞巧会或魁星会，看来，古代七夕的精神颇贴合教师节呢。

七娘妈

◎七娘妈生

织女，台湾人称为七娘妈。七娘妈，也有说法是指织女的七仙女姊妹，因为庇佑牛郎与织女所生的小孩，遂亦成为保护儿童的神明。早期医疗不发达，小孩子容易夭折，父母为了祈求子女平安长大，每逢七夕就会祭拜七娘妈，或将子女送给七娘妈做"契子"。因此，台湾的七夕祭已置入儿童守护神七娘妈的祭仪。

这天下午，人们在门口摆供桌，麻油鸡饭、牲礼、软粿（用糯米搓成，类似汤圆，在中心用手指压一个凹洞）、针线、胭脂水粉、鲜花（圆仔花、鸡冠花、茉莉花、凤仙花等）、婆姐衣、刘金等，以及清水一盆和新毛巾，让七娘妈洗手洗脸。祭拜后，将部分胭脂水粉、鲜花、红纱线等抛上屋顶给七娘妈使用，一部分则留给自己；相传女孩子如果用供奉给七娘妈的毛巾洗脸，就会变得像七娘妈一样漂亮，并获得七娘妈庇佑。此外，也会准备铜钱或银牌并系上红丝线，挂在小孩的脖子上，祈求小孩顺利长大，称"掼絭"；每年七夕拜七娘妈时会更换红丝线，称"换絭"；满十六岁即成年，不用再挂，称"脱絭"。

◎脱絭、做十六岁

古人满十六岁即为成年，为了答谢七娘妈长年的护佑，通常会举行成年祭祀仪式，"脱絭"是简单而普遍的做法。"做十六岁"是盛行于台南地区，也是比较隆重的方式，又以台南开隆宫做十六岁最具代表性。

◎拜床母

床母原指守护床的神明，祭祀床母源于古人的五祀崇拜。人在一生中，有许多时间是在床上睡觉，尤其是不会走动的婴儿；婴儿长时间在床上，与床的关系密切，所以民间一般将床母视为儿童的保护神。因此，家中若有未满十六岁的小孩，七夕这天也要拜床母。

中元普渡

🏵 中元普渡

（农历七月十五日）

农历七月十五日中元节，是"三界公"中地官大帝的圣诞，俗称七月半。地官大帝主管地府，又跟赦罪有关，民间皆会在中元节设坛祭拜地官，普渡孤魂野鬼，减轻往生者的罪恶。

这天同时也是佛教信仰的"盂兰盆会"。"盂兰盆"印度语意涵为倒悬救急器的别名，衍生出来的意思是：用盆子装满百味五果，供养佛陀和僧侣，以拯救堕入地狱的苦难众生。相传这是目莲的母亲因生前浪费，死后被打入饿鬼道无法吃食，目莲为了救母，便依佛陀所谕做"盂兰盆"，将百味五果置于盆中，以供养十万大德。七月十五日举办中元普渡，无疑的是结合了汉人民间信仰和佛教于一体的宗教活动。

这天，人们宰鸡杀鸭、焚香烧纸，拜祭由地府出来的饿鬼，咸信这样可以化解其怨气，不致为祸人间。供品多会插上"普渡旗"，上面书写"庆赞中元"、"冥辉普照"等中元敬语，也会写上信士姓名。今日普渡拜拜分成"公普"和"私普"，由于商业社会发达，供品几乎皆以泡面、零食、白米等能久贮之物为主，传统的牲礼、五味碗愈来愈少见。

早期在普渡的前一天晚上，人们会于海边燃放水灯。水灯内放置番钱，当众灯齐燃后缓缓流向外海，沿海渔船争相攫取，能得者谓一年大顺。这项放水

放水灯：满载思念到远方！

灯仪式原本是中元节整个仪式的一环，后因安全原因多数地区取消了这一环节，目前仅基隆中元祭还留存放水灯仪式。除此之外，中元夜张灯结彩，陈设图画、玩器，锣鼓喧杂，观者如堵。普渡后隔日（十六日），演戏为乐，叫"压醮尾"。

◎中元抢孤

抢孤，台湾七月重要的民俗活动，源起清代特有的普渡信仰。其形成说法有三：第一，"抢"有强制驱离之意，"孤"代表孤魂野鬼；中元普渡后，七月将接近尾声，人们深怕鬼魂流连忘返，乃举行声势浩大的抢孤活动来吓退鬼魂，以达到驱鬼目的。第二，整个活动象征鬼魂抢食的情形，抢孤者顺利取得供品，象征鬼魂获得祭祀、达到普渡。第三，庙方将普渡后的供品，赠予较为清寒孤苦的人家；这些祭品被称为"孤"，是为了避免分发时的推挤，从而发展出来的抢孤比赛。

台湾比较有名的抢孤活动是在宜兰头城、屏东恒春，恒春抢孤举办日期在农历七月十五日，头城则是在七月最后一晚。

恒春抢孤多在东门外举行，专为抢孤所建造的场地称为"孤棚"，在比赛前会先"竖孤棚"。早期孤棚规模不大，四根三丈六左右的高大柱子就可立起，近年规模越来越大，2012年柱子已增加至36根。孤棚上会安置城门，放置好祭品与旗帜，柱子上面则涂满了牛油。参赛者于开赛炮声后，借由攀爬柱子，从底下爬上最高处的孤棚顶端，先抢到的队伍获胜。

头城抢孤的场地是在乌石港旧址，与恒春不同的地方，在于孤棚上会多建立一个孤栈，主要用来放置祭品与顺风旗。渔民相信若将顺风旗悬挂在船上，可祈求保佑航海平安。

这项活动不只要比力气，还要凭靠智慧，尤须全队同心协力才能将队友送上孤棚夺胜。今日抢孤的意义应有二：一是比赛队伍在攀爬柱子时必须面对的强烈

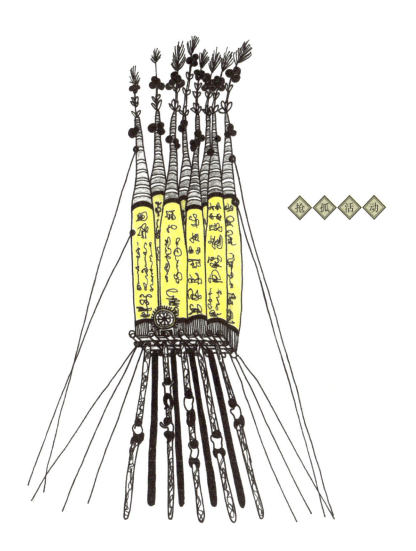

抢孤活动

挑战性与高难危险性，每一步都要小心谨慎，无不使参赛者体会到早期先民拓垦时的艰辛；二是抢孤活动结束后将祭品分给困苦之人，体察先民布施的博爱良善。抢孤活动不只是比赛，也是对先民的崇敬，对祖先的怀念。

赛神猪：用圆满祈求圆满！

◆ 新埔义民祭

（农历七月二十日）

农历七月二十日为新竹新埔义民爷的祭典。新埔褒忠义民庙源起于1788年由林先昆等捐建的义冢，收埋林爽文事件中阵亡的子弟兵。这座义冢受到乾隆皇帝的封赠，敕赠"怀忠"，后来又追封"褒忠"，这段佳话传遍新竹、桃园地区的客家族群以后，他们就在义冢前兴建褒忠义民庙，由参加建庙的"十四大庄"按年轮值主持年度祭祀。从1835年起，由桃、竹两地区共十五大庄轮流当值主祭，轮值的大庄会在两个月前前往褒忠亭义民庙，恭迎义民爷到庄内接受"奉饭"；

大庄内每户人家就会开始张灯结彩，准备在义民节举行盛大的祭拜活动，许多客家人也会于这一天前来共襄盛举。

每逢祭典，数以千计的猪、羊、鸡、鸭由民众供献外，庙产管理会从分布新竹县的60多甲水田、20多甲旱地及野林收入，拨出4万多台斤稻谷为普渡经费，一百多年间不绝地传承下来。

义民节最特殊的活动有两项："神猪赛重"与"羊角竞长"的比赛，神猪体重往往破千公斤，令人咋舌，但近年因动物保护团体的抗议，让保留传统还是保护动物成了令人两难的议题。

好神

驱魔大神钟馗

❀七月底关鬼门、钟馗押孤

（农历七月三十日）

农历七月三十日称"关鬼门"，无祀孤魂野鬼一律返回地府，各寺庙撤去灯篙加以焚烧，并请道士举行祭拜，又名"谢灯脚"；家家户户会准备五味碗于门口前祭祀，让孤魂野鬼返回地府前能好好饱餐一顿。

这一天最后的仪式就是钟馗押孤，也就是请出"驱魔大神"钟馗，押孤魂们回阴府。押孤仪式是由道士扮成钟馗，使用鸡冠血（公鸡属阳）、鸭嘴血（鸭谐音押）来敕点，可以押制孤魂野鬼。由于此仪式现场的煞气较重，一般人总会走避。

如何准备供品，看过来！

种类		内容细节
牲礼	**大三牲**	猪肉一块、全鸡、全鱼（或全鸭，比较少用），称大三牲。排列方法为：面对神明，猪肉置中，全鸡放左且鸡头对神明，全鱼放右且鱼尾对神明。其次，生的三牲是用来祭祀虎爷，半生熟三牲用来祭祀一般神明，全熟三牲则用来祭祀祖先。
	小三牲	用小块猪肉来代替整块猪肉，用鸡蛋代替鸡，用鸭蛋代替鸭，用花枝或鱿鱼代替鱼。通常用于犒赏天兵神将、消灾解厄、谢外方（祭祀各方游魂）、丧礼路祭等。
	四牲	猪肉一大块、全鸡、全鸭、一味海鲜（如：虾、蟹、鱼），在排列上没有固定方式。"四"为双数，故丧事忌讳使用，多用于喜庆、神明圣诞，但"四"在民间又谐音为"死"，故一般很少使用。
	五牲	全猪、全鸡、全鸭（或全鹅）、全鱼、鱿鱼（或虾、一副猪肝）。全猪可用猪头附上猪尾表示全猪，因现代人多半以小家庭为主，没办法吃那么多，可以一大块猪肉代替，排列方法为：猪肉置中，称为"中牲"，鸡与鸭（或鹅）置于两旁，称为"边牲"，鱼与鱿鱼（或虾、猪肝）置于边牲之后，称为"下牲"。主要在祭祀玉皇大帝、三官大帝、城隍爷等神明，以及婚丧喜庆、还愿神明时使用。 全猪、全羊：将杀好但是没有烹煮过的全猪、全羊放在供桌上来祭祀神明。将动物身体摊开于一张桌子上，内脏与血则先处理好，放在置入冰块的铁桶之中，铁桶多放于桌下。常于寺庙举行团体性大祭典时用来祭祀神明表示敬意，例如迎王、建醮时最为常见。 全牛：杀好但是没有烹煮、没有去毛的全牛，只有在祭祀孔子时才使用。
饭菜	**饭菜**	饭菜指用来祭祀祖先，或者七月祭祀孤魂时的菜肴，通常会准备六样、十样、十二样。
	菜碗	每一个碗放置不同的素菜，用于供奉观音、释迦、弥勒佛等，通常会准备六样、十样、十二样的素菜。

专栏

第一章 季节采风篇

076

种类		内容细节
饭菜	五味碗	五味碗是指用五个碗装五种菜肴作为供品，以日常菜肴装盛即可，用来祭祀地基主、有应公、好兄弟之类的孤魂野鬼。
	七味碗	七味碗是祭祀七娘妈特有的祭品，使用七碗不同的粿食、糕点，如汤圆、米糕、桂圆、红蛋、花生、莲子、鸡酒等，食物没有限定。
	五斋	五斋是指金针（金）、木耳（木）、冬粉（水）、香菇（火）、笋干（土）五种素食，且每样东西都代表着不同的五行方位，意思是指天地五方皆祭祀。通常用于祭祀天公、妈祖等重要祭典。
	六斋	六斋是在金针、木耳、冬粉、香菇、笋干、紫菜、蚕豆、菜心、蚕豆、桂圆、豆苗、海带、面筋等素菜中选取六样，合称为"六斋"，也有人直接用"五斋"再配上一味素菜，通常用于祭祀天公等重要祭典。
水果	四果	四果是指在四季中的当季水果，而非四种水果，祭拜时只要选择当季的数种水果即可。
	五果	五果是指使用五种常见的季节性水果，如柑、橘、香蕉、甘蔗、苹果、芒果、香瓜、西瓜、哈密瓜等。有隐喻的五果为香蕉、李子、梨子、糕饼、杏仁，意思是招（蕉）、你（李）、来（梨）、高（糕）、升（杏）。另一种五果为香蕉、李子、梨子、甘蔗、菠萝，意思是招（蕉）、你（李）、来（梨）、呷（蔗）、旺（凤）。
其他	五子	五子是桂圆、红枣、花生、榛果、瓜子，通常用于祭祀织女星。
	清茶	清茶常用来供奉神佛、祖先，一般会放置三小杯，杯中可装清茶或干茶叶，属常态性供品，不会撤供。一般庙宇会在清晨时"敬茶"，换入新茶。因为茶有清心、陶情之作用，用茶敬神十分合宜且诚敬。
	酒	酒一般用于重要节日的祭祀场合，如祭祀神明、祖先以及年节拜拜、婚礼丧祭等，通常使用米酒。祭神时三小杯，祭祖时可用五、七、九、十一小杯不等。

八月 【桂月】

公历 8 月 29 日 ~ 9 月 26 日

农历八月桂花盛开，因而称桂月，节气值秋季之中。此时正是耕种收成之际，准备答谢土地神的保佑，感谢这一年有丰厚收成。

八月重要民俗活动

三日　灶神圣诞

十一日左右　北斗星君圣诞

十三日　白露（阴气渐重，露凝而白）

十五日　金府千岁圣诞

　　　中秋节、拜土地公

二十二日　太阴娘娘圣诞

二十三日　广泽尊王圣诞

二十六日左右　燃灯古佛圣诞

月底　邢府王爷圣诞

　　秋分（昼夜均分，秋之半）

屏东东港迎王平安祭典（三年一科）

◆ 阿美人祭祖丰年祭（秋季月圆）

◈ 灶神是谁？

民以食为天，灶神职掌人们的饮食，对人民生活十分重要，于是先民便将有功于民的黄帝、炎帝、火神祝融当成灶神来崇敬。灶神在民间也有许多不同称呼，有灶君、灶王、灶君爷、护宅天尊等，周朝时曾被称为"七祀之司命"，因此又称为司命真君。

灶神祭祀的起源很早。古先民对火十分崇敬，火可以取暖、照明、熟食、驱赶野兽，祭祀灶神与岁末围炉都跟自古以来的敬火观念有关。以前家家户户都有灶，每逢农历八月初三灶君圣诞，都要为灶神供奉面和清茶，点香烛、烧金纸、鸣放鞭炮。至于以灶君为主神的庙宇，在台湾十分罕见，新竹北埔乡五指山有间灶君堂，许多信众会在当天前往庙宇祭祀，庙方则会准备仙草、米苔目等客家传统点心来招待香客，是新竹的盛会之一。

米苔目

仙草

◈ 八月十五中秋节

农历八月十五日中秋节，是三大传统节日之一。这一天的主要活动有祭拜土地公和赏月，这两项习俗源自古代的秋社祭和跳月。

八月中秋正值农业收成前后，秋社祭就是答谢土地神保佑一年丰收的祭祀，台湾汉人称作土地公生，其文化意义与少数民族的丰年祭相近。而且，秋社祭和二月二日春社祭（头牙）刚好

民俗小补贴

Tips

中秋妇女听香

"听香"乃是一门以听人话语以判断吉凶的占卜术。

方法是先在家中的神像前烧香拜拜，表达所欲占卜的事项，掷筊确定出门的方向后，便持香出门。路上行人所说的话，都有可能是神明的旨意，如果认为听到的话是神明的旨意，则掷筊请示神明，获得三圣筊就成功，如果不是就继续往前寻求真正的旨意。

中秋赏月烤肉

构成"春祈秋报"，这是农业社会人们感念土地神最神圣的两个节日。今人八月十五日这天，还会祭祀土地公，农民在田间插上"土地公拐杖"——就是在竹杖上夹土地公金，插在田间，答谢神明保佑土地平安、整年丰收；农村也有聚资在晚上演戏酬神的习俗，俗称"谢平安"。

至于跳月，就是月神信仰的拜月仪式，人们相信月亮（月神）是主掌生育、生命和水的女神，太阴娘娘即为月神的演变。先民每逢十五月圆就跳舞悦神，是为跳月。后来，跳月转化成供月或拜月，女性们会以圆形果饼于露庭中祭拜月亮，并在月下团聚唱歌。

台湾中秋节有"偷菜"的习俗，即为中秋妇女拜月求子的遗绪，此习俗和元宵夜妇女求子、求姻缘的意义相通。

偷菜又称摸秋、偷秋，这是中秋夜晚专属于未婚女孩的活动，俗谚有云："偷得葱，嫁好尪；偷得菜，嫁好婿。"趁着皎洁月光，未婚女孩会去偷摘人家的蔬菜，以摘得之蔬菜多寡好坏来推测她们的姻缘，如果能偷得葱或青菜，就表示她们快找到如意郎君了。古谚说"男不拜月、女不祭灶"，就点出传统中秋节是妇女的专属节日。

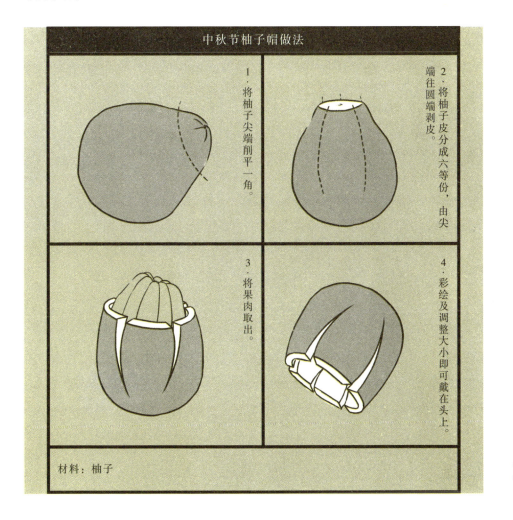

中秋节柚子帽做法

1·将柚子尖端削平一角。

2·将柚子皮分成六等份，由尖端往圆端剥皮。

3·将果肉取出。

4·彩绘及调整大小即可戴在头上。

材料：柚子

◎赏月、吃月饼

中秋赏月、吃月饼是晚近才发展出来的习俗，从而发展出家族祭祖和家庭团圆聚餐共食的习俗。传统中秋节的晚上，家家户户院子里都放一张供桌。桌子上摆满月饼和西瓜、梨子、葡萄等瓜果，然后烧纸焚香，望空而拜。祭月完毕，家中长者将月饼按家中人数分切成数块，每人分食一块，若有家人不在，也会为其留下一份，表示一家团圆之意。中年以上的人，举杯邀月，猜拳行令；老年人捋着胡子，讲述"嫦娥奔月"、"唐明皇游月宫"的故事。直到夜阑人静，大家都疲倦了，才肯去睡。

此外，台湾各地也有其中秋特有的食俗。俗语说："吃米粉芋，有好头路。"祭月时会将米粉芋当作供品，取芋、路的谐音，祈求祖先保佑找到好工作。各乡镇也会使用当地特产，发展出具地方特色的节日食俗，例如：高雄有许多饲养水鸭的人家，特别是美浓地区，客家人以水鸭肉加菜。宜兰在中秋节会吃"菜饼"，菜饼是指"吃菜人"（茹素者）也可以吃的素饼，饼身只用面粉、盐，馅包黑糖与金橘，加上土豆与芝麻等材料制作而成，味道香脆爽口。

时至今日，祭月旧俗多已消失。近十余年来，烤肉、放烟火逐渐取代赏月而成为中秋节的盛行活动。

民俗小补贴

Tips

博状元饼

传统中秋夜，士绅们多会举行"博状元饼"的游戏。读书人宴饮赏月之外，制大面饼，名为中秋饼，中间以朱书"元"字，每人用骰子掷四次，胜者可以获得中秋饼，取"秋闱夺元"之意。"秋闱"是清代乡试第三场考试，这项游戏是取状元夺魁的好彩头之意。

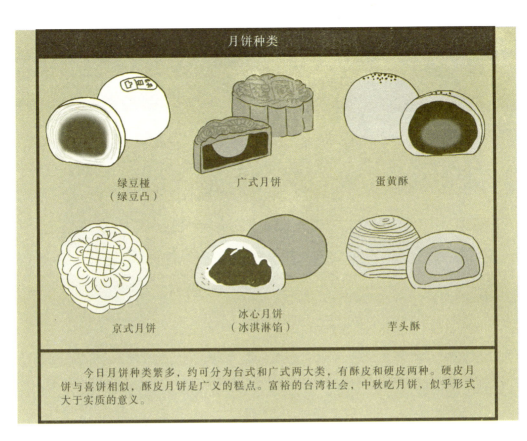

月饼种类

绿豆椪
（绿豆凸）

广式月饼

蛋黄酥

京式月饼

冰心月饼
（冰淇淋馅）

芋头酥

今日月饼种类繁多，约可分为台式和广式两大类，有酥皮和硬皮两种。硬皮月饼与喜饼相似，酥皮月饼是广义的糕点。富裕的台湾社会，中秋吃月饼，似乎形式大于实质的意义。

◈ 阿美人祭祖丰年祭

　　秋天也是花莲阿美人传统祭祖丰年祭的日子。通常，阿美人选在秋天月圆之际举行丰年祭，以歌舞、米酒祭祀他们的祖先。丰年祭首夜，阿美壮士们以歌舞通宵达旦庆祝丰年祭，只有男人参加，不准任何一个女子加入。隔日清晨，女子始加入歌舞庆祝仪式行列，在广场上围成圆圈唱歌、跳舞，中间放着两三打的米酒，再由一位年长者将米酒倒入一只黑色木杯，传递给跳舞者饮用。最后，在一项上"刀山"的仪式中结束整个祭典。

阿美人丰年祭

❋ 东港迎王平安祭

（农历八月底至九月初）

三年一科的东港迎王，是以东隆宫为主，结合东港七角头所共同举行的重要信仰活动，通常是在暮秋的农历八月底至九月初举行，因日期需掷筊请王爷决定，故每科都不固定。为期八天的祭典从请水迎王、过火、巡狩、王船法会、牵船绕境到最后的烧王船（送王）等，体现东港人对王爷信仰的最高敬意与愿望，而绘有各式各样鱼类图案的王船是整个仪式的焦点，因此本质虽然为"迎王"却会被称为"王船祭"，突显王船在整个祭典中的特色。

据当地父老说，早年东港的王船曾是以杉木料制作，可流放于海面上，行"游地河"仪式，日据时期受限官方压力和经济条件，改以木和纸料混合制作，并改行"游天河"的焚化仪式。东港经济渐渐有所复苏，1973年"癸丑"科，下头角头人洪显发动恢复制作木船，直至今日皆使用木造王船。

东港有许多全台独特且唯一的阵头，都是为了参与迎王盛会而纷纷成立，但受到时代影响已日益凋零,丙戌正科(2006)尚有十二个阵头,到了己丑正科(2009)仅剩下八个阵头:共善堂什家将、共和堂五毒大神、东福殿二十四司、共心堂什家将、同安堂八家将、圣德宫十二家司、朝隆圣堂护卫圣将、温府正修堂驾前圣将。丙戌正科曾参与的碧灵堂三叉五大神将、共明堂五毒大神、福龙堂八家将、丰隆堂十三金甲,则并未出阵。

东港迎王的第七天,以王船为重头戏的绕境活动展开。庞然王船沿着镇街大马路绕经七角头,这样的仪式对当地人来说,热闹之外,更具有消灾除祟、载走一切厄运的意义。傍晚时,王船回到王府前;入夜后,只见执事人员忙碌地进行最后的添载工作,而王船旁,道士也在进行一些除瘟、押煞的仪式。隔天凌晨,王船被送到请水迎王的海边,沙滩上各种天库、金纸堆积如山。道士在船尾地方摆设香案,以鲜花、素果、三牲、醴酒等进行船祭,并恭请大千岁顺利登船准备起航。而由七角头所迎请的王令、中军令、王印在凉伞前导下,由内外总理、副总理、大总理一一恭请上王船,象征来访的五位千岁皆已被温王爷恭送上王船。

一声"时辰到!",只见船帆微微摇动,鞭炮点燃后,也引燃起四周的金纸。刹那间整艘王船立刻陷入一片火海中,燃起了整个祭典的高潮,也象征来巡狩的大千岁,肩负着当地信众父老的期许和寄托,押送走一切厄运。

民俗小补贴

Tips

东港七角头

七角头是东隆宫王爷祭最重要的祭祀和活动团队,早期包括顶头角、顶中街、下中街、安海街、下头角、仑仔顶和小琉球。1952年小琉球以渡海来参加祭典诸多不便为由而退出,乃由小琉球移居东港众多的埔仔角代替小琉球,承续至今。七角头在王爷祭的角色采世袭义务制,才能让整个祭祀活动成为东港的传统民俗。

九月【菊月】

公历 9 月 27 日 ~ 10 月 26 日

　　寒露霜降渐渐让气温变得更清凉，菊花盛开，画出不同景观面貌。九日重阳节，带来秋高气爽的讯息，也提醒着大家即将要揭开寒冬的序幕。

九月重要民俗活动

一日　　　南斗星君圣诞

五日　　　吉贝耍平埔人嚎海祭

九日　　　重阳节
　　　　　太子爷祭典
　　　　　九皇大帝圣诞
　　　　　斗母星君圣诞

十二日左右　寒露（露寒而冷，将凝结）

十四日　　姚府四千岁圣诞

十五日　　高雄冈山篮筐会
　　　　　朱圣夫子圣诞

二十七日左右　霜降（露凝结为霜而下降）

二十八日　五显大帝祭典

三十日　　药师如来祭典

九月期间　屏东小琉球迎王平安祭典
　　　　　（三年一科）

❖ 吉贝耍嚎海祭

（农历九月初五）

　　农历九月五日下午 2 点左右，台南东山区吉贝耍平埔人陆续担着饭菜到大公廨西南方农路上，一字排开，排列在农田山路两旁，以最好的祭品来答谢祖灵，这就是"嚎海祭"。相传这是吉贝耍平埔人缅怀渡海来台的先祖们，以此遥拜祖灵的仪式。

时辰一到，祭司吆喝大家到祭坛前"三向"（西拉雅语，祭拜的仪式名词），三向毕，祭司拿起尪祖拐、泽兰叶（西拉雅祭司法器），口含米酒喷向空中，请祖灵接受子民们的祭品，妇女围绕着祭坛祀壶，吟唱出肃穆悲凉的"牵曲"。祭司时而回到祭坛，时而奔向前方，迎接祖灵们的到来，最后回到祭坛以剖半槟榔掷筊，请示祖灵。出现"圣筊"后，牵曲即可停止，族人也收拾饭菜，"嚎海祭"全部结束。

◈ 九月九重阳节

相对于三月节（农历三月三日）庆祝大火星复临人间，九月则是哀悼大火星隐没的日子。因此，九月初九这个节日原本是面对死亡的送终仪式，后来形成回避死亡和追求长寿的积极意义。

中国汉代九月初九就有"佩茱萸、食蓬饵，登高饮菊花酒延寿"习俗，成为后世过重阳节的主要活动。唐代时，重阳节被正式定为重要节日。明代时，庆祝重阳节更加隆重，不仅皇宫上下要一起吃花糕以兹庆贺，皇帝还要亲自到万岁山登高，以畅秋志。后来重阳节被改为敬老节，似把"祈长寿"局限在年长者，反而做小了重阳节既有的文化意涵。以下介绍早期重阳节的传统习俗。

◎ 佩茱萸

茱萸，又名"越椒"、"艾子"，是一种常绿带香的植物，具有杀虫消毒、

重阳花：茱萸黄菊庆重阳！

逐寒祛风的功能。古人认为在重阳节这一天，佩戴茱萸有消灾避难之用，除佩戴在手臂上或插在头上，亦可做成香袋，把茱萸藏放里头带在身边。茱萸之外，有些地方也使用菊花，或将彩缯剪成茱萸、菊花的图案，互相赠送、佩戴；或把菊花枝叶贴在门窗上逐除凶秽、招纳吉祥。

◎吃重阳糕

蓬饵就是用粉做的蒸糕，后世称"重阳糕"。重阳糕又称花糕、菊糕、五色糕，制作方法随意，较为讲究者要做成九层，像宝塔形状，最上层要放两只小羊，以合"重羊"之意。

◎登高饮菊花酒

菊花酒是以 20 两白菊加 0.6 升水蒸炼成菊花精，然后加 4 两粉糖和 8:8 的黄酒、福酒而成。也有直接在酒里置入茱萸，就像端午节的雄黄酒一样。

重阳节一早，妇女们忙着磨米粉做重阳糕，饭后一家大小到山野游玩，孩童们放风筝以为乐，带着精美的点心和水果在郊外野餐，是谓赏节。归来后，全家人共饮菊花酒，据说可以延年益寿。

放风吹：竞逐高空看谁赢！

◎放风吹

九月是秋高气爽的季节，极适合到户外放风筝，台湾俗语说"九月九，风吹满天哮"，就是指重阳节风筝满天飞的景象。

◎拜公妈

现代人的生活、工作步调和传统节庆越来越不一致，许多人无法为往生的亲人一一"做忌"，新的习俗趋势多会选在农历重阳节或冬至这天统一"拜公妈"，一同吊祭亡故的先人。

高雄冈山篮筐会

（农历三月二十三日、八月十四日、九月十五日）

冈山篮筐会一年举办三次，分别在农历三月二十三日（妈祖生日）、八月十四日（中秋节前夕）、九月十五日（义民爷生日），每逢这三个节日，冈山地区十多个乡镇都会共同参与。因人潮十分众多，为扩充会场、容纳更多民众，篮筐会的地点已多次迁移，从冈山旧街移到中山公园，再迁至中华路，现在则于新辟的河华路举行。

冈山篮筐会的历史已有200多年，最早原为传统的赶集活动。赶集是早期民间社会主要的商业交易活动，在冈山之所以称为"篮筐会"，是因为当时赶集所

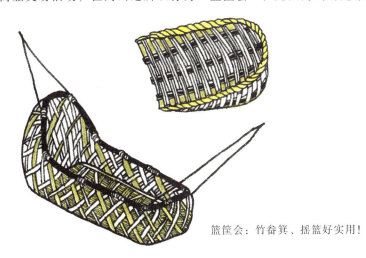

篮筐会：竹畚箕、摇篮好实用！

贩卖的物品，主要以竹制艺品为主，如早期农业常用到的竹篮、竹筐、竹笼、竹畚箕等。随着时代的变迁，篮筐会已是百货杂陈，陈列出各式各样的商品，颇接近夜市形态，但少数摊位仍会贩卖旧式产品，如箩筐、竹筛、斗笠、山草药等，依旧具有浓厚的乡土色彩。

❀ 小琉球迎王平安祭典

　　小琉球迎王平安祭典由三隆宫主办，主祀朱府、池府、吴府三姓王爷，俗称三府千岁，又称王爷庙。在1952年以前，琉球乡还共同参与东港迎王平安祭典，退出后，才自行举办迎王祭典。三隆宫的迎王祭典，最初由科巡主事领队，前往台南南鲲鯓代天府进香请旨，早期仅举行两天，今日已发展成为期七天的仪式活动。

　　三隆宫自1982年壬戌科才开始建造王船，在此之前，琉球乡的迎王祭典仅是单纯的绕境活动，尚无送王船之例。出巡绕境则以四个角头的土地公庙为主，按科轮流当香阵的先锋，并指派报差官，当迎王或王船绕境队伍，经过角头土地公庙时，会做短暂停留，一方面让该庙款待大千岁并报告当地状况，一方面则有时间让大千岁"办案"。

　　小琉球当地的阵头较少，幸山寺十三太保与水仙宫五毒大神，都是以小孩子为主，家长多半会陪伴在旁，而青山寺十三太保已是目前台湾仅存的一团。

　　小琉球的迎王，最特别的是可以请大千岁"办案"，只要看到大千岁经过，可以随时"拦轿申冤"，举凡各种疑难杂症和无法解决的棘手问题，通通可以在迎王期间请大千岁帮忙解决，也因此绕境时间往往拖延过久。于是从1997年丁丑科开始，三府千岁指示以四个角头的土地公庙作为"府衙"；在迎王期间，民众先前往登记需要解决的事情，待大千岁抵土地公庙时一并审理解决，不过某些时候，依旧可在路上看到"拦轿申冤"的情况。

孩童游戏：踩高跷

孩童游戏：踢毽子

孩童游戏：扯铃

十月【阳月】

公历 10 月 27 日 ~ 11 月 24 日

　　农历十月称阳月，古人认为十月的气候像是小春天，又称为"小阳春"。此月芙蓉盛开，又称为"芙蓉月"。阳月的暖阳，适合晒制食物，亦是收割的季节。

十月重要民俗活动

五日	达摩祖师佛辰
八日左右	立冬（冬，终也。万物收成）
十日	水仙尊王祭
十二日	齐天大圣佛辰
十三至十八日	屏东南州迎王平安祭典（三年一科）
十四日	头社平埔人夜祭
十五日	下元祭
中旬	赛夏人矮灵祭
二十二日	台南柳营王醮（三年一科）
二十七日	艋舺青山王祭
二十八日左右	紫微星君圣诞
二十九日	小雪（寒未深，雪未大）
◆曹公祠例祭（公历11月1日）	云林褒忠马鸣山五年千岁祭

水仙尊王祭

（农历十月初十）

　　水仙尊王是海神，为早期台湾航海者的守护神，乃体现台湾海洋文化的元素之一。主神通常是神格化的古圣贤，有夏王、大禹王，配以伍员（伍子胥）、屈平（屈原）、王勃、李白。不过，各地祀奉的水仙尊王不大相同，各庙宇从供奉一尊到五尊者都有，因此例祭日也会有所差异。

台北屈原宫是台湾少数主祀屈原的庙宇，每年举行两次例祭，一次是农历五月五日，一次是十月十日。俗谚说"十月以后，北风常作"，航海的危险性大增，所以十月祭祀后便不轻易出海。早期居民因为祭祀场所十分简朴，农历十月十日"屈原华诞日"举行大拜拜仪式，并透过掷筊方式产生"炉主"，再轮流将神像恭迎回家奉祀。迄今，五月五日与十月十日对屈原的祭祀从未间断。

南州迎王平安祭典

（农历十月十三日至十八日）

南州迎王平安祭典由溪州代天府主办，主祀朱府千岁，为期共六天。南州乡各庙宇原本共同参与东港每三年一科的迎王平安祭典，1961 年参与后退出，南州溪州代天府于 1964 年农历十月十三日至十八日，首次自行举办甲辰科迎王平安祭典，从该科之后固定日期并开始独立举行。

因南州不靠海，故请王及送王仪式，皆须至林边乡崎峰村举行，出巡绕境时不关庙门，大千岁在队伍后方压后。绕境范围包含三个乡镇：南州、林边、崁顶。南州当地的阵头有：南意宫八家将、五显宫八家将、朝天府八家将、神农宫八家将、如意宫八家将。南州的八家将在迎王绕境时负有抓"坏东西"的职责，抓到的"坏东西"会用绳索捆好，每天晚上当阵头进庙后，送入王府看管。

平安祭典的第五天，中军府会在晚上举行办案仪式，将在迎王绕境期间所捉拿的魑魅魍魉、瘟神疫鬼一一审判，无罪者释放并焚烧纸钱作为其盘缠，有罪者视情节轻重给予惩罚，罪轻者交由班役打板杯（类似竹棍），罪重者就判"炸油鼎"。"炸油鼎"是在铁锅中放入色拉油，烧沸后将无形的坏东西放入铁锅中处罚。

❖ 头社平埔人夜祭
（农历十月十四日至十五日）

夜祭是台南西拉雅平埔人头社一年一度祖灵"阿立祖"的祭典。

农历十月十四日下午，公廨（今太上龙头忠义庙）的供桌上已堆满槟榔、面龟、米酒等祭品，桌后祭坛上一排缠着大红布幔、口插各色花草的大小陶瓮，居中一个的颈部挂着一方官印。左右两边各有一大缸水，水中插着甘蔗叶。陶瓮叫祀壶，有挂印者代表祖灵"阿立祖"正身，其余是他的侍官和神兵将。而大缸中的水叫"向水"，插甘蔗叶在向水中叫"插青"，表示欣欣向荣。

仪式由主事者和去年的炉主将信徒历来奉献的金牌替阿立祖挂上开始，身着白色衣裤和赤着上身的乩童，以向水、米酒行"开向"礼，恭请远近诸神和列祖先回来过节。接着"点猪"，亦即点收信徒献祭的还愿猪。经乩童祷念的猪只于点收后，立刻被拖到左后方的临时屠宰场屠杀。处理干净，烙上税印，再抬到广场的供桌，内脏挂在桌旁竹竿上。

午夜 12 点整，皓月当空，行祭天礼。头戴花环、身穿白衣裙的少女再度在广场围着"向水"歌舞。她们唱的叫"牵曲"，曲调哀伤，词意大半是描述祖先创业的苦境，以及祈雨的祭词。祭典仪式彻夜进行着，乩童将奉祀猪只请神享用，并喷酒敬天。凌晨 3 时许，拜过天公后，猪头转向公廨祭阿立祖，稍后牵曲再度登场，

轮流围着公廨内的前亭神案跳唱，奉猪者再跪拜。凌晨 4 时许，进行点食祭品，乩童进入公廨生吃供品，先饮公廨内的猪血，后吃庙前的猪内脏，如此一一点食祭品。清晨约 5 时，平埔夜祭就此暂告一段落。

接下来的十五日演戏酬神仍继续上演，家家户户也都会摆上几桌酒席宴请宾客，热热闹闹庆祝一天。直到宾主尽欢，一年一度的庆典才算真正结束。

十月【阳月】

◎ 下元节

（农历十月十五日）

元宵节（上元节）、中元节、中秋节和下元节，是古代四个以夜晚活动为主的节俗，这都是先人在月圆以"跳月"祭祀月神的重要日子。道教盛行以后，元宵节（上元节）、中元节和下元节变成"三官大帝"（天官、地官、水官，民间传说为尧、舜、禹之神格化）的生

太上老君

日，不过，下元节的重要性逐渐被腊月（十二月）的大蜡祭所取代而较不受人们重视。

下元节是水官大帝的生日，水官大帝掌管水域，主管消灾解厄。庙宇会竖天杆，杆顶挂三盏天灯，杆上悬挂黄旗，旗上写着"天地水府"、"消灾降福"等字样，但此俗几乎已消失。清代，这一天民间家家户户都会准备香烛、牲礼祭拜水官大帝，祈求万事平安。如有夫妇失和、子女生病、诸事不顺等事，可以在神桌上摆放象征凶神恶煞的纸扎，延请道士诵经祭拜水官，完毕之后再把纸扎烧化，将灰烬抛到河里去。

这一天，民间的工匠还有祭炉神的习俗，炉神为太上老君。家家户户也会做糍粑（客家麻糬），分送给亲戚邻居。

◎ 艋舺青山王祭

（农历十月二十二日）

艋舺青山宫供奉的主神灵安尊王，又称青山王，为福建惠安地区的守护神。1854年，惠安移民将故乡的灵安尊王移祀万华，由于屡屡显灵，遂成为万华地区

重要的信仰中心之一。

青山王的诞辰在农历十月二十二日，在这之前两天，庙方便举行暗访活动，至第三天青山王出巡掀起高潮，此万华迎青山王祭被称为台北市三大迎神赛会。当天中午，青山王出巡，来自各地"斗闹热"（共襄盛举）的阵头，便陆续到青山宫前表演一番；还有一些自认有罪的人，也将脸绘上青色或黑色油彩来扮演尊王的部将，集结在青山王宫。

青山王出巡的活动中，可以看到各式各样的阵头，其中以青山宫八将团最受瞩目。八将团是由八位将军及一名引路童子所组成。八将军中，四位"枷将军"彩红色脸、穿红色衣，四位"锁将军"绘绿色脸、穿绿色衣；八将皆身穿半甲，锁将军边露左肩、枷将军边露右肩，所持的武器有枷、锁、虎牌、火钳、钉锤、大刀、虎头铡、钉板八种。中间一名童子则身着龙袍、头戴太子帽、手持葫芦，称作"引路童子"或"葫芦童子"，由小孩子扮演，相传为白鹤化身，位于八将之中作为领导人物。

队伍绕行万华主要街道，所到之处都伴随着疯狂引爆的鞭炮，场面相当壮观，如此盛况持续到黄昏，直到青山王回庙安座后，才告一段落。

❀ 曹公祠例祭

曹公祠，今作曹公庙，以清代凤山知县曹谨为主神。曹谨担任凤山知县任内（1837—1840），修筑被后世所赞誉的"曹公圳"，去世后被凤山县人立祠奉祀，即为曹公祠。曹公祠原来的祭日是农历九月二十六日，1911年重建后改为公历11月1日。

十一月 【葭月】

公历 11 月 25 日 ~ 12 月 24 日

　　农历十一月称葭月，葭是指芦苇，古人视为冬天较经济的柴火来源。此时农作物已收成，又无重大节庆，在寒意转浓之下，砍芦柴囤积柴火，准备好好过冬。

十一月重要民俗活动

一日　　　　温府千岁圣诞

一日　　　　北门三寮湾王船祭（三年一科）

四日　　　　安南尊王千秋

十一日　　　太乙救苦天尊圣诞

十三日左右　大雪（雪深积）

十五日　　　宜兰二结王公寿辰

十七日　　　阿弥陀佛祭典

十九日　　　九莲菩萨佛诞

二十三日　　张仙大帝圣诞

二十八日左右　冬至（白天最短、夜最长）

二十九日　　新竹都城隍圣诞

◈ 宜兰二结王公过火

（农历十一月十五日）

　　宜兰二结王公庙，旧称镇安庙，祀奉古公三王，宋朝柳姓、叶姓、英姓，三人结为异姓兄弟的义士，原是福建漳浦湖西坑的地方神祇，随着先民拓垦兰阳平原而来到二结。二结位于兰阳平原的中心，是南来北往的交通要道，开垦之初，蛮荒丛生，瘴疠横行，二结王公庙遂成为信仰重镇。1997年为了保存旧庙，在政府协助下进行千人移庙的工程，并改名为"二结生活文化馆"。

每年王公庙于农历十一月十五日三王公圣诞时，会举办过火仪式，但因顺应工商社会的潮流，庙方已将过火仪式提前至最接近十一月十五日的星期日举行，此为宜兰地区宗教一大盛事，也是目前台湾规模最盛大的"过炭火"活动。火在宗教上有祛除不洁、消灾解厄之意，借由过火仪式，期能驱除晦气并净化身心。

二结王公过火仪式，由前两天深夜的"谢平安"、"谢三界"开始，至前一天清晨先"谢令旗"，午时"拜地府"。王公生当天子时举行祝寿科仪，下午才开始"过火"。

万余斤的木炭，在广场堆成木炭山，清晨"安五营"后，就开始"请火"、"起火"。下午王公武轿起轿后，先"掠童乩"，童乩会藏在庄头某处，等王公武轿"掠到童乩"后，童乩会站在王公武轿上，一同回庙埕过火。

过火前，工作人员会往木炭堆上摔盐米，"摔盐米"在宗教上有祛邪化煞的功用，在科学上则发挥降温的实质功效。等时辰一到，三名黑旗手先"跳过火"，王公与其他神轿依序一一过火，回庙安座。仪式结束后，工作人员将炭火翻起，信众们会拿着自家衣服到炭火前挥舞或捡拾炭火余烬，借此祛除霉运并祈求福运。

早期有"惊王公生，不惊过年"的俗谚，说明在二结居民心中，王公生比过年还重要。2007年，此活动经文化总会选为台湾十大民俗祭典之一。

❀古老的过年——冬至

冬至是太阳投影在地球最北端的日子，这天白昼最短、夜也最长，自古被视为二十四节气的起点，一年的开端和生命萌发的汛期，古时有谓"冬至大如年"。

中国汉代，这天官衙放假，举行盛宴庆祝，要拜冬、祭祖、迎祭神祇，并吃长寿面以祝老，是过年亦带有浓浓敬老的气氛。后来，春节成为一年之始，冬至节的重要性大大降低，拜冬、拜年的庆祝习俗自然移转到春节。至今，台湾民间仍流传"吃冬至汤圆就多一岁"说法，就是冬至过年习俗的遗绪。

台湾的冬至节，家家户户都要做"冬至圆"或菜包以祭祀神佛和祖先，合家吃冬至圆，称"添岁"。此外，还要用碗装上一两粒圆仔，分别到门、井、窗、猪牛棚、鸡窝等处举行简单的"饷耗"仪式，或直接在门扉、器物上粘上一颗汤圆，向神祇表示此一年来平安的答谢。这是古代祭拜"五祀"的遗俗，古人认为这些器物都有神明存在，所以会一起供奉。

汤圆

好神

布袋罗汉

◎祭祖祠
古代四祭中冬烝的遗绪？

冬至也是台湾人祭祖祠的日子。同宗合资修建供奉共同祖先的建筑物称"祖祠"或"祖庙"，台湾人大多在冬至日祭祖祠，俗称"进祖"。祭祀后通常摆设盛宴，族人团聚共食，称为"食祖"。

烧香有保庇

古代，烧香具祈祷的意味，亦兼有文人雅士的风雅，滥觞于中国唐朝，宋朝时广泛使用，著名文人黄庭坚自称有香癖。中国人大量烧香与东南亚香料贸易的开展有密切关系，这种由天然香料和上等线脚制作而成的香，烧起来的气味成分具有提神清脑作用。然而，今人不乏使用化学添加物的香料，烧香会形成不好的悬浮微粒，反倒伤害身体。

线香	贡香	排香
一般拜拜最广泛使用的香。长度有一尺三（39厘米）、一尺六（48厘米）等。	较线香来得长（二尺，60厘米）且粗，可燃时间也较长，一炷香可燃3至12小时。	由数支线香并排制作而成的香，通常用于寺庙祭典。此外，也有特制排香，上有"福"、"禄"、"寿"、"囍"等字样，用于应景的仪式。
盘香（香环）	香珠	净香
是一种装饰香，用来制造神圣的情境，如打坐、礼佛等。大型者有如香钟，可燃一周、半个月，甚至一个月，多用于寺庙，隐含"生生不灭，循环不息"之意，因此也被视为长年香，以保香火终年不熄。	以香泥或香木制成的珠子，彩丝贯串，有夏日佩戴可避暑秽之说。古代，通常每串十八枚，又称十八子。今日，香珠有三十六颗（三十六天罡）、七十二颗（七十二地煞）及一百零八颗，可佩戴在手上发挥辟邪作用。	制香的原料。点燃后散发香气，增显祭祀场所的庄严与肃穆，同时也有催化和清净作用，是一种普遍的装饰香。

十二月 【腊月】

公历 12 月 25 日 ~ 1 月 22 日

农历十二月称腊月。腊，合也，合祭诸神的意思。所以，腊是古人祭祀百神及祖先的一种活动，多在农历十二月进行。

十二月重要民俗活动

六日	普庵祖师圣诞
十三日左右	小寒（天寒，尚未大冷）
十六日	福德正神圣诞
二十二日	做尾牙
二十三日	尾期
二十四日	台南东山迎佛祖
二十五日	送神、祭灶
二十八日左右	天神下降
二十九日	大寒（冷冽至极）
末日	华严菩萨佛诞
	除夕

◈ 腊月忙年

腊月"忙年"是传统准备欢度新年的一个月，许多活动、仪式和春节"过年"有机地联结在一起。腊月和正月共同构成一幅迎新年的景象。

一进腊月，就已经有了年味了。所谓年味，就是做些准备过年的事情，毕竟传统农业社会到了这个时候，农作物已收成，较有闲情逸致来准备过年。而最重要者，莫过于合祭诸神。其中，腊八日（农历十二月八日）是中国古代最重要的节日，民间会举行"大傩"祛疫辟邪，在门上画虎或神茶、郁垒二神，即今日春联，并祭神和祖先。台湾传统习俗上，虽有腊月"忙年"，却无腊八日习俗。

寒冬泡温泉

◈ 做尾牙

（农历十二月十六日）

农历十二月十六日是民间商家年度最后一次做牙，称"做尾牙"。为了感谢土地公这一年的照顾，做尾牙时会准备丰盛的三牲来祭拜，祭拜后的食物犒赏给员工，称为"吃尾牙"。

以前，吃尾牙并不是件轻松的事情。如果商家生意不好，或者某位员工不认真，商家老板就会在尾牙时准备"白斩鸡"这道菜肴，鸡头朝向哪位员工，就是老板在暗示那位员工：你已经被解雇了，以后不必来上班。所以有句俗谚说："食尾牙面忧忧，食头牙捻嘴须。"

其实，头牙和尾牙除了报答神明一年来的保佑外，也是老板体恤员工一年工作的辛劳，慰劳员工，借以联系情感并提高工作效率。近年来，台湾社会转型，商家老板宴请员工，已不再局限于祭拜土地公的食物，而是以开晚会、办酒席、摸彩抽奖等庆祝活动，大手笔宴请自家员工，馈谢他们一年来的付出。

◈ 尾期

（农历十二月二十二日）

尾期就是传统的年终结算日。民间有个习俗，在尾期以前不能收回的账款，原则在二十五日以后都不可再催讨，好让债务人也能过个好年，这是传统习俗敦厚之处。

好神

佛祖

❂ 东山迎佛祖

（农历十二月二十三日）

每年快接近农历十二月底前，台南东山碧轩寺乡民便开始忙碌起来，准备送观音佛祖回碧云寺过年事宜。碧轩寺观音佛祖（正二妈）原本供奉于火山碧云寺，为开基祖佛。经过佛祖指示后，便迎请至东山并建立东山碧轩寺供奉。东山乡民为饮水思源、感念观音佛祖之神恩，于每年农历十二月二十三日当天清晨，以徒步的方式将佛祖护送至关仔岭，与碧云寺观音佛祖团圆过年，直至正月初十再恭迎佛祖回驾东山碧轩寺。

恭送路线遵循着前人所留下的古道香路来行走，沿途均以山脚下小部落为徒步行程。经过山林小径、古厝住家，行走途中凉风徐徐，伴奏着规律的锣鼓声，让人感到心旷神怡。夜晚期间，点起火把，举亮古道，照耀佛祖香路。百年香路至今无曾改变，东山乡民感念佛祖神恩，代代相传。

❂ 送神、祭灶

（农历十二月二十四日）

十二月二十四日是送神日，人们相信这天灶神和其他家神、百神等都要升天拜谒玉皇上帝，报告人间一年来的善恶，玉帝根据报告以决定明年的吉凶祸福。此日，人们盼使诸神早一点升天，占得天宫较好的位子，或是多一点团圆的时间。俗信送神要在早晨，愈早愈好，因此家家户户一清早就上香烛、放爆竹，并烧神明驾驭的"甲马"、寿金、刈金，欢送诸神升天。若家里有犯太岁者，送神这天也是谢太岁的日子，将太岁符与寿金一并焚烧，代表安太岁功德圆满。

祭灶神：灶烧愈旺运愈旺！

送神供品需以一只公鸡配上三牲和清茶，今人有增加甜汤圆、糖果、水果等物品。将供品摆于其所供奉的神像前，上香致敬。有趣的是，所供的公鸡，不能去其两脚，应保留两脚，目的在替神挑行李；同时并应将原来尾毛保存一枝插上其屁股，以显公鸡的神气。

以前，送神日除了在神明厅举行送神仪式外，也要在灶前祀灶。灶神与人们关系密切，传说这天五更升天，将人间善恶奏明玉帝，到除夕夜才重返人间，因此祭品必定要有糖饴，或以糖丸粘在灶门，或以酒或酒糟涂抹灶门，谓之"醉司命"。总之，就是希望灶神能多说好话。

送神后，神明都已经升天，也就可以毫无禁忌地清扫家屋、厨灶，是为年终大扫除。此时，平常不能随便乱动的神像或公妈牌，都可以拿下来清理。不过，在这一年间家有不幸者或服丧者不能举行送神仪式，又忌"清扫"，否则俗信死人会作祟。

以前送神后，同时开始做年粿，准备迎接新年。不同的粿具有不同的意涵，甜粿有甜甜好过年之意，发粿（发糕）是祈求年年大发赚钱，菜头粿（萝卜糕）则年年好彩头，包仔粿（包馅或肉的粿）期望包金包银，财运滚滚。不过，家有不幸者或服丧人家不能做年粿，通常需由亲友赠送。

◈ 天神下降日

（农历十二月二十五日）

农历十二月二十五日，天神下降。这天玉皇大帝率领诸神巡视人间，考察善恶，以作为来年赏罚依准。这天切忌打架、喧哗或损坏东西，连债主也不得向人讨债，屠宰业不敢杀生，恐招凶灾。此外，这天妇人的裤子不能晒在外面，因恐对天神失敬而受责。家家户户神桌上都要供奉清茶、水果，终日香烟缭绕不绝，以示欢迎天神降临。

◈ 除夕

农历十二月的最后一天晚上是除夕，又称为除夜、除岁。中国古代，每在岁末会举行驱鬼除疫的"大傩"仪式，这个仪式原本只在皇宫中举行，随着时代潮流的演变，家家户户都会在岁末举行驱鬼除疫仪式，这就是除夕的起源。在台湾，无论十二月是大月或小月，惯称除夕夜为"二九暝"，也称为"过年"。这一天，家家户户拜公妈、贴春联、食围炉、分压岁钱，守岁拜年。

◈ 过年的故事

灯猴神与沉地

过新年，为什么大家见面要说"恭喜"呢？相传这是人们得罪灯猴（灯钩）神的故事。

灯猴（灯钩）就是以前台湾民间以竹子做成的灯架子，是用来放置油盏的。相传有一年冬至节，人们忘了用冬至圆"饷耗"灯猴神，他因而大为不平，暗自怀恨在心。后来灯猴神就到天上去禀奏玉帝说："人类忘恩负义，作恶多端，如不将他

们消灭，重新创立一个良善世界，将来
必定大乱。"火神也在旁边帮腔说："人
类真的作恶多端，如不早些改造，势必
有后患。"

好神

灯猴神

玉帝听了谗言，命令造化之神在某
年除夕 12 点钟，将陆地沉没，另造一个
世界。

这消息给好心的土地公听到，急忙
转告灶神、门神、床母等家中器物神。
诸神慌作一团，急开会议，一面派床母
去找观音菩萨，向玉帝求情。众家器物神认为"人类固有不肖之徒，但大多是善良且
知恩图报的，尚有许多可取之处"，却也没把握以此理由求情有效，于是托梦告知凡
人们预做准备。

人们知道除夕夜陆地将会沉没，忐忑不安、无可奈何之余，就自觉地准备接受事
实。于是除夕日，各家大做食品、多杀家畜、备办鱼肉，答谢祖先神明过去庇护之恩，
然后一家大小围在一起，大吃大喝，抱着沉痛必死的快意决心，等候世界的毁灭。可
是时间一秒一分地过去，到午夜 12 点过了，依然没有发生什么异变。

其实，玉帝听了观音菩萨阻谏、力陈人类善根，遂收回成命。人们忧虑地等到天
上露出曙色，听着远近寺庙的钟声相继而响，才知道大劫已过，大家死里逃生，忙去
梳洗，更换新衣，祭谢神明祖先，然后出外踏春，欢喜迎新年。大家一碰面，不论识
与不识，都互相称贺："恭喜！恭喜！"

有趣的行业神

行业	身份	行业神	缘由
士	学生	文昌帝君、魁星、至圣先师（孔子）	掌理智慧，读书人的守护神。
农	农民	神农大帝（五谷先帝）	神农氏尝百草、教人农耕，也被奉为医药之神。
	茶农	茶圣或茶仙（陆羽）	著作第一部茶的专书《茶经》，对茶业有卓越贡献。
	渔民	天上圣母或妈祖（林默）、水仙尊王（大禹）	航海守护神，守护渔民免于灾难。
工	工匠	巧圣先师（鲁班）	春秋时期能工巧匠，发明"规"和"矩"与许多工具。
	水泥匠	荷叶先师	发明许多泥水匠的工具，精于土木烧瓦之技艺。
	铁匠	炉公仙师（尉迟恭）、太上老君	炉灶烧窑、打铁铸造的祖师爷。
	制纸业	蔡伦	发明造纸术。
	制伞业	女娲娘娘	修补好形状与构造像伞的天。
	制鞋业	孙膑	脚因受刑，裁缝制出第一双皮靴使用。
	制酒业	杜康	善于造酒，亦被当作是酿酒的发明者。
商	商人	土地公、五路财神、文武财神	土地公不但是地方守护神，更是农、商、工等行业的守护神。
	理发业	孚佑帝君（吕洞宾）	替明太祖理发并医好头疮。
其他	警察、帮派	关圣帝君（关羽）	忠义形象深植人心。
	医疗	保生大帝（吴本，本音滔）	精通医术、救人无数。
	生产	临水夫人（陈靖姑）	因流产而亡，遗言将拯救难产妇人。
	特种行业	天蓬元帅（猪八戒）	好女色，期能招徕更多客人。
	梨园戏剧	西秦王爷（唐玄宗）	组织"梨园"戏班，使戏曲盛行。
		雷元帅（雷海青）、田都元帅	唐玄宗时担任朝廷乐工，为音乐之神。
		孟府郎君（孟昶）	通晓音律有"乐神"之称，南管祖师爷。
新兴行业	算命	鬼谷子	精通五行阴阳之理，有"鬼谷神算"之称。
	拆除业	孟姜女	哭倒万里长城。
	房仲业	孟母	孟母为子三迁。
	保全业	门神	为客户严守门户。
	刺青业	岳母	在岳飞的背上刺下"精忠报国"。
	驾驶业	三太子	乾坤圈与风火轮似轮胎和方向盘。

第2章 人生仪礼篇

从出生到死亡，人生重要阶段或关口都会举行各式各样的仪式。满月、周岁、成人仪式、婚礼、葬礼等，借由这些仪式，自己和周遭亲朋一同感受人生各个阶段的生命历程。

成长

从出生到成人，人们有许多祝福的仪礼。特别是出生后的一年间，祝福小孩身体健康、期许未来事业成功的风俗，仍相当多。

❀ 胎神信仰

安产祈愿，保护孕妇

传统上人们认为，妇女一旦怀孕，直至生产前这段期间内皆有胎神随身保护。胎神主要在孕妇房内，也会附在厅、门及其他器具上，藏在墙壁、床、家具等处。妊娠期间，无论是孕妇或他人搬动孕妇房内任何东西或进行敲打活动，或是做了不吉利的工作，都有可能冲犯胎神，称为"动着"。

若不幸"动着"，孕妇要赶快休息，万一症状没有改善，那就需要"安胎符"。通常将安胎符放在孕妇身上或床上、棉被下，严重者甚至须请红头师公来作法，祈愿胎儿平安无事。看似迷信的胎神信仰，其实隐含保护孕妇的社会意义，毕竟孕妇于妊娠期间不宜过度劳动，而维持祥和的居家环境，正是今人所谓"胎教"的基本条件。

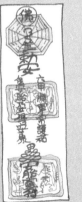

安胎符：求佛拜神保安产！

❀ 洗三

从胎神保护转由床母庇佑

以前婴儿出生后，头两日多以麻油擦拭身体，第三天会举行洗澡仪式，称为"洗三"，又称"三朝"。洗澡水会放入一些当季的吉祥花草（如桂花蕊、柑橘叶）和圆滑的小石头两三颗，小石头取意"头壳"健壮或"做胆"，石头不可太大或太小，以避免胆小如鼠或胆大包天。仪式通常请好福气的妇人来担任，期能带给婴孩好的福气。洗澡后穿上新衣，由祖母或母亲抱着婴儿以油饭、鸡酒和牲礼拜神祭祖，也接受亲戚朋友的祝福，同时占卜命名。

传统上，这一天（客家人是在第十二日或十六日）会备妥鸡酒、油饭送给媒人及产妇娘家，以示通知喜讯，称"报酒"或"报喜"。媒人收到鸡酒、油饭后，用酒瓶装洗米水，并用盘子装米，里面放一颗石头回赠。而产妇的娘家看喜讯，大都于十二朝"送庚"，即产后第十二天送鸡、酒和蛋等祝贺。婴儿若是男丁，大都送十二只鸡；如是女孩，则送"单数"鸡，表示"到此为止"，祈能下胎生男孩。至于媒人所回赠的"盘米加石粒"，是希望婴儿的头能像石头般硬朗，不易受伤、受煞。

拜床母

未成年小孩的守护神

婴儿出生后即脱离胎神保护，转由床母庇佑，直到成年为止。通常婴孩出

民俗小补贴

Tips

古人的名字

乳名：就是小名，多半出生时取的，成年之后就不用而成为家人间的昵称。

土名：根据个性、外貌所取之绰号。

册名：以前小孩进入"书房"读书，老师所取的名字，通常用于师友之间。

字：行成年礼时所取的名字，称"字"。

号：古代凡有官位或相当学识者，都要取一个"号"。

官章：拜官或得到学位（如秀才）时，另取一个名字，通用于官厅，称"官章"。

谥号：人去世后所获称颂的名字，二品以上大官，由朝廷封赐。

生后第三天就要拜床母，称"谢床母"。尔后，初一、十五的晚上或重要年节，特别是七夕，都要拜床母。

拜床母时，小供桌不要正对床位，通常斜放床侧，古时多为硬板床，亦有置于床上者。祭品简单即可，如饭、鸡腿（圈红纸）、卤蛋，不要青菜（隐喻：随便），七夕时丰盛许多，有鸡酒、油饭、圆仔花等，不用筷子。祭拜时间短，供品摆好、点香以后就开始烧四方金和床母衣，一烧完即可撤供。

❖ 剃头

传统上，男婴在第二十四天、女婴在第二十天剃头。古人认为女子精血与产妇血污是不洁之物，婴儿胎毛来自母体，不免会有血污，明代王肯堂的《证治准绳》就提到："胎发秽恶，多触神灶，小儿不安，故此日必剃头而出。"可见，帮婴儿剃光头，有剔除秽气的意义。

剃头式：满月，剔除秽恶！

剃头仪式通常择于家宅温暖避风处进行。首先用脸盆盛放温水，温水中置入小圆滑石头、铜钱十二个、葱一根、染红的鸡蛋和鸭蛋各十二个，再以温水润湿婴儿头发，有些地方长辈会在此时祷念一些祝福的话，之后理发师就可以剃发。剃头后，将红蛋轻轻滚在婴孩头上三次，取意"红顶"；然后取出蛋黄和葱汁混合，在婴儿头上做涂抹状，意取聪明；小石头和铜钱各取健壮、财富之意。今人，剃头仪式多在做满月时一同举行。

❖ 做满月

接受人生的第一次祝贺

男孩三十天、女孩二十九天做满月。主人家会以油饭和鸡酒祭拜神佛祖先，产妇娘家也会给新生儿送"头尾"和红龟粿等十二样礼物来祝贺。所谓"头尾"，就是指婴儿从头到脚所穿的全部衣物、童帽和棉被等，而且上面绣有"喜"字或"卐"字等吉祥符号；红龟粿则是祝福婴儿能健康长寿。有些地方重视姑姑在婴儿生发时送鞋、长牙时送淘米之水，祈愿婴儿未来不会走"孤路"、生"孤齿"等。

传统上，如果婴儿是男丁，每样东西需备两份，表示"有双有对"，继续再生男丁；如果是女孩，每样东西只要一份就好，而且不送"背带"，以免女孩子成群结队背带而来。

这一天，凡是亲友来祝贺，主人家也会将女方娘家所送的红龟粿，连同圆仔、油饭、鸡酒等分赠，目的是希望小孩吉利、多福、长寿。较为富裕的家庭，甚至摆设"汤饼宴"，亦即以长寿面为主的宴席，庆祝家族新生命的到来。换言之，做满月可说是人生第一次的祝寿。

🔶 收涎

当婴儿满四个月时,俗信"四"与"死"同音,认为这是婴儿的关口,于是有"做四月日"的习俗礼仪,也就是"收涎"。这天外婆家要送"收涎"围兜,以及青衫、红裤等衣物,还有红桃、酥饼等来庆祝。

首先在正厅神前供上以牲礼为主的红龟粿、酥饼、红桃等拜神祭祖,在点燃香烛、烧完金纸之后,把刚学坐的小孩放入椅轿里,大家围着他说"坐轿车,做阿爸"来祝福他,意指坐上椅子快快长大做爸爸。接着用红线将酥饼十二个或二十四个串连在一起成圈状,挂在小孩脖子上到邻居各家去,请亲朋好友"收涎",亲朋好友要从小孩脖子上摘饼,用酥饼轻轻擦拭小孩嘴角说"收涎收干干,给你老母生卵葩"、"收涎以离离,明年招小弟"的吉祥话来祝福他。最后,给小孩围上围兜即结束。

有些地方还有所谓"开臊"仪式,因为从这天起,小孩可以吃肉,这叫"开臊",这时要请好命人来为小孩念吉祥话,如"吃鸡头,较贤梳头"等。

这些仪式都是祝福婴儿快快长大且健康、长寿。

孩童游戏:七巧板

🔶 做度晬

满周岁的祝贺

婴儿周岁,俗称"度晬"。是日,婴儿的外婆家再次送头尾和红龟粿来祝贺;接受头尾的婆家,通常要回送相当于头尾的金钱作为答礼,并以牲礼和红龟粿拜神祭祖,将红龟粿分赠亲朋邻右。

周岁最传统的仪礼就是"抓周"、"试周"或"试儿"。将十二种象征各行业的物品摆放在正厅，让婴儿爬行随意抓其中一样，如此预测婴儿未来的兴趣与志向，这样的仪式充分反映出人们对于小孩未来前程的关切。

最后，再用包子擦小孩的嘴，同时念"臭嘴去、香嘴来"，后把包子掷给狗吃，再给小孩吃"米香糖"。这些仪式含有清除臭气之意，寄望小孩将来能成为"吃香"的人。

抓周物品

抓周物品的寓意

❶ 听筒：医生。

❷ 印章：公职、官吏、从政者。

❸ 黄金玩具：有钱人、金融业、大老板。

❹ 鸡腿：有口福。

❺ 乐器：音乐家。

❻ 球棒：运动员。

❼ 书本：学者、老师。

❽ 算盘：经商、会计。

❾ 稻穗：农夫。

❿ 尺：设计师、建筑师。

⓫ 毛笔：作家、文人、画家。

⓬ 鼠标：信息业、计算机工程师。

通常人们在小孩做度晬时，都会为刚满周岁的小孩举行"捾絭"仪式。所谓"絭"就是以红线穿贯一个古铜钱而成的挂饰，较富裕的家庭会使用金银牌（上刻神明的名），或是又称"百家锁"的锁形饰物。

满周岁日，父母带着小孩到寺庙拜拜，祈求神明保佑子女平安或收其做契子，后将"絭"环绕香炉三圈，在神明前将"絭"挂上小孩脖子上，这样的仪式就称为"捾絭"。不过，这项仪式多半会在自己家中神明厅举行，因为台湾人相信未成年小孩是由众神明所保护着，而这些守护小孩的主要神明有：床母、七娘妈及各人所信仰的神祇。捾絭后，小孩就会受到这些神明的保佑。也因此，家中有未成年小孩，每月要拜床母，每年七夕要祭七娘妈，每逢守护神明的圣诞也要行"换絭"仪式。通常在七夕祭拜七娘妈或守护神明圣诞时，必须更换"絭"的红线，这项仪式称为"换絭"，直至成年。

◎石圣爷庙絭和换絭

人们相信石头、树都有灵性，因此有些地方会以石头做"絭"而为小孩的守护信物。每年农历七月初七，宜兰县冬山乡八宝村石圣爷庙都会举行捾絭、换絭的仪式，就是这种习俗的代表。

相传八宝村一带居民最早的"捾絭"饰物，就是从石圣爷庙石头公旁的石头取得

民俗小补贴

Tips

做契子

台湾社会往往将体弱、调皮、命硬（克父母）的孩子，交付给年长的长辈或神明收为"契子"，不过，后者较为盛行。给神明做契子的仪式，通常会选在神明圣诞举行，当天父母需准备牲礼祭拜神明，并向神明说明意愿，以掷筊或透过灵媒确认神明认契子的意愿，若一切顺利，神明会赐香火袋佩戴，仪式也告成。至于认哪一位神明为契父母，则随信者所愿。

石块，磨平打洞再穿上红绳而成。后来，石块锐减，改用古钱币，中国和日本的古铜币都有。近来，庙方铸造圆形"石圣爷公保佑平安贯"，正面刻有"石圣王爷公"，背面刻有"保佑平安"，供民众在七夕带着孩子前来祈求佩戴，守护儿童平安长大。

做契子：认石爷公做干爹！

◎庆度晬、分水饼

台南永康市西势地区的西势、新庄仔、番薯厝和新化镇的仑仔顶，是以"分水饼"的方式来集体庆祝新生儿的度晬。每年农历元月二十日也就是永康广兴宫谢府元帅的圣诞，这四个村落凡是过去一年中生儿子的人家，都会准备三牲、酒醴、水饼（水果饼）和新的童装，或带着新生男童，前往坐落在番薯厝，俗称"元帅庙"的广兴宫烧金拜拜，感谢守护神谢府元帅的佑赐，并祈求该童平安长大成人。祭拜结束后，当天下午约1点半到3点就开始分送水饼（俗称"觅饼"，觅音同况）。

分饼的方法有两种，西势、新庄仔和番薯厝三庄，采分送到家，由各庄炉主领队，依福分名册，挨家挨户分送，早年是用挑的，所以这天也称为"担饼日"，现在则多用机车或汽车载送了。而新化镇仑仔顶等三个角头，则采集中发送方式，由炉主点名逐一领取。

◈ 脱絭、做十六岁

台湾地道的成年礼

台湾并没有发展出传统"男冠女笄"的成年礼，倒是"脱絭"与"做十六岁"是

红龟粿

传统主要的成年仪式。

脱絭就是脱去在满周岁时所"掼"的、象征守护未成年的"絭"，意味着小孩已长大成人，其生命的守护神也由床母、七娘妈或神明契父母等脱离出来，成为真正的成人。脱絭仪式通常选在七夕或神明契父母的圣诞举行，于祭拜后拿掉"絭"，即完成仪式。其中，因七娘妈一向被台湾人视为小孩的守护神，因此在七夕举行脱絭仪式者较为普遍。

做十六岁可说是台南府城从"七夕脱絭"而发展出来的独特成年仪式，台南人称此仪式为"出鸟母宫"或"出婆姐宫"，亦即脱离七娘妈或床母的守护，以示孩子长大成人。以前，比较隆重的"出鸟母宫"，都是在"七夕之日，祀神祭祖，父师字之，戚友贺之，以纸制一亭，祀织女，以介景福"。不过，这只有较为富厚之家才会如此。台南开隆宫因主祀七娘妈，成为府城常民做十六岁的主要庙宇，从而发展出一套完整的仪式。

每年七夕，会有许多父母带着满十六岁子女来开隆宫举行"做十六岁"仪式。全部仪式包括：拜供品、钻七娘妈供桌、穿过七娘妈亭，再把七娘妈亭随同四方金和床母衣、经衣等火化，最后再做"脱絭"的仪式。供品除必备的三牲或五牲外，还有麻油鸡酒、油饭、面线、四果、甜芋、红龟粿、带尾甘蔗、镜子、梳子、香水、茶油、胭脂、白粉、口红、针、线、手帕、扇子，以及象征香浓多子的鸡冠花、圆仔花、凤仙花、玉兰花等。

◈ 原住民成年礼

泰雅人：男生必须狩猎多次成功，甚或出草猎得人头后，才算通过"成年礼"，才得以在额头和下巴刺青，成为真正的男人。女生必须熟悉纺织和农耕，才得以在两颊刺青，成为真正的女人。

阿美人：于每年入夏农历四月初举行捕鱼祭，族人都是举家大小参加的。其中，青少年能自行在海边捕鱼才算通过"成年礼"。

布农人：男子于十四五岁时束发于脑后，可带腰刀、猎枪、皮帽，新年祭三日后举行"青年入级式"，当日女子禁止自屋内走出。仪式主要告诫青年应肩负之部落之责任，及应守之规则。

邵人：邵人尚武，成年男子分两大队，模拟敌我双方，于日月潭上征战七日。成年礼就于此仿真水战中完成。

纹面艺术：
原住民文化之宝库！

邹人：每年于小米收获之后举行，男子集合于圣所"库巴"，由头目和勇武长老主持。十八至二十岁的男子登上库巴，蹲坐在长老前，接受教训和勉励。长老边训话边跺脚，以藤条鞭打青年臀部，以示其能兼具坚忍与勇敢上进之精神。

卑南人：于每年年底举行少年猴祭与大猎祭，这两项祭典皆与男子成年相关。

结 婚

今日的结婚仪式虽然多元且不再仅限于"通过仪式",不过,传统汉式婚礼仍受到相当的重视。

台湾汉式婚俗,古礼有六项:问名、送定、纳采、纳币、请期、亲迎。后来简化为问名、送定、完聘、迎亲四礼,今人更简化为订婚和结婚两项仪式。

◈ 问名、相亲

传统社会决定男女结婚对象的仪式

"问名"就是由男女双方家长进行议婚的过程。以前,男女婚姻是由父母决定的,家有适婚男子时,家长会请媒人探问女方家的意思,经几次沟通后,由媒人交换男女双方的"庚帖"。庚帖就是用大红帖书写男女的姓名和生辰八字,以前会装在礼担盘子里,交由媒人传递。双方收到庚帖后,就赶紧烧香将它供在正厅神明祖先前达三天之久,三天过去若平安无事,这门婚事才能继续谈下去。接着会请算命先生来合男女八字,一切顺利,这门婚事才能论及聘金和嫁妆等,以及男女双方的各种其他问题。这个时候,女方家长会"探门风",也就是透过各种关系打探男方的人品和家风。若双方都可以接受,至此,婚事才能确定。

"相亲"是议婚过渡到今日自由恋爱,而由媒人媒合婚姻的方式。当双方家庭都有意时,媒人就会安排一个好日子,带着男方到女方家登门拜访。双方坐定后,女主角端着甜茶出来迎客,这是男女主角的第一次接触,也是双方家人打量的时候。当男主角很满意眼前的佳人时，则将大红包放在茶盘上，表示希望进一步发展，女主角若也觉得有意，则会以花生、芝麻、红枣泡茶来款待客人，甚或留客人用餐。相反的，若女方在奉茶后并无进一步表示，便只能期待下次的姻缘了！

在今日自由恋爱的社会，年轻男女对于婚姻的自我意识明确，昔日象征家长具有主导婚姻大权的问名习俗，早已流为形式。相亲则是都会男女结识、联谊的管道，甚至成为一种婚姻介绍的专门行业。

◈ 订婚

决定男女婚姻大事的仪式

订婚包括传统的"送定"和"完聘"，通过这两项仪式的男女就是准新人了。

"送定"也叫小聘、文定，是指在婚姻谈妥后，男方首次亲自到女方家下聘的仪式。以前，下聘的聘礼繁多，但主要是礼饼、礼炮、礼烛、礼香和订婚戒指及饰物，而当天最重要的仪式就是吃茶和挂手指。"完聘"又称大聘，即古礼中的纳采和纳币，男方于送定后择期再送女方聘金、婚书和礼饼等大礼。今人已经将送定和完聘统合为订婚仪式，在这一天男女完成交换戒指和分送喜饼的仪式。

订婚时，男方亲自送聘礼到女方家，女方将收到的聘礼供于神明祖先前祭拜，接着准新郎和男方贵宾入席坐定，准新娘由媒人一一介绍见面，并奉上甜茶。一阵寒暄，甜茶喝完后，男方贵宾须以"压茶瓯"的红包答礼，这就是"吃茶"仪式。在以前，这个仪式是男方检视女子面貌、身材、体态、举止，亦即相亲的一个过程；今日，则成为准新娘向男方长辈敬茶，初步认识双方重要家族成员的仪式。

订婚礼：喜饼金饰配成双！

吃茶之后，就会举行"挂手指"仪式。准新娘坐在正厅中央摆好的椅子，脚须用小椅子垫高，面向外端坐。传统上，这个仪式都由男方长辈（多为婆婆）来进行，包括仔细端详女子的手相怕有断掌等，没有问题后，再向准新娘挂戴以红线系结的金、银两个戒指，以示夫妻同心。今日，这个象征永结同心的"挂手指"仪式，都是由准新人男女互为挂戴，而成为订婚最重要的仪式。至此，订婚仪式乃告完成，女方会办酒席宴请男方，依南部的礼俗，酒席费用是由男方支付。不过，若是依北部的礼俗，订婚日等同女子出嫁了，这天往往就会举办等同结婚的喜宴，迎亲时就不再举办归宁的酒席。

挽面：挽一回胜过敷面膜！

◎准新娘的成年礼之一：挽面

挽面俗称"开脸"，这项具有美容并带有成年礼的仪式，是希望准新娘能有焕然一新的姿容去面对新的未来。开脸仪式通常会请"好命人"来负责，用特殊的线拔去脸上汗毛。完成后，还要致赠好命人谢礼。

◎准新娘的成年礼之二：上头

古代，女子十四至十六岁之间行"笄礼"，象征成年，也就可以出嫁了。笄，簪子，插住挽起的头发之用。笄礼就是改变发型，并接受女性长辈的教诲。明清以后，这项女子成年礼多与婚礼合并举行，大陆有些地方尚有结婚前女子行上头（改变发式）礼、请吃"上头糕"的风俗。传统上，台湾也是以上头为女子的成年礼。台湾女子的上头礼，通常是在出嫁前一天举行，女子端坐在正厅中央，请"好命人"来给准新娘梳头，插上象征成年的发簪，再向神佛祖先祭拜，并向父母各敬一杯茶，上头礼就告完成。

◎准新郎的成年礼：拜天公

家中有男丁结婚，习俗上于婚礼前一晚要拜天公，并延请家宅或境域内所信仰主神列位一同接受祭拜，以叩谢天公和神明保佑准新郎长大成人。首先于家中正厅或门前搭拜天公的上下桌，祭品与初九天公生大同小异，不过，下桌的牲礼要全猪、全羊，隆重者，并延请法师诵经、演戏等。

结婚仪式

◎食姊妹桌

新娘和姊妹淘离别的盛餐

食姊妹桌，这是古早传统新娘出嫁前和姊妹们的离别餐聚。有十二道菜肴，荤、素菜各六道，姊妹们在席间说些吉利话语，祝福这位新娘婚姻美满。惜别宴结束后，新娘就开始人生最重要的一次化妆，并穿上结婚礼服，等待新郎的迎娶。

◎神前的结婚仪式

新人在神明祖先前的见证仪式

传统汉式结婚是以神明祖先作为见证的仪式，整个流程约可分为三个部分：首先，新郎迎娶前，在家举行祭告神明祖先的仪式。结婚当天，新郎沐浴更衣，穿上结婚礼服，吉时一到，在父亲的引导下祭告祖先。通常先上排香，再行"三拜三叩"礼，慎重者还得诵读祝文，并向新郎讲些惕勉的话，例如："今天是你娶妻的吉日，从今而后，你是一家之主，望你好自为之！"完成后，新郎就可以出发迎亲。

其次，当新郎到新娘家迎娶时，新娘也须向祖宗神灵行告别出嫁的仪式，形式差不多，新娘的父母亲也会训示诸如"出嫁后要谨慎小心，孝顺公婆"之类的话。

最后，新郎迎娶新娘回家后，再度向神明祖先祭拜，这是最重要的见证仪式，通常由主婚人或好命人带领新人到正厅，两人一同面向门外站着，先拜天公，接着转身面对神龛，拜神明、再拜祖先，最后向公婆打揖叩拜，更讲究者，还要向公婆奉茶。

结婚仪式

1·新娘拜公妈告别出嫁。

2·新娘告别父母。

3·新娘出家门，上车掷扇。

4·新娘「过炉、破瓦」，入新厝。

5·新婚夫妻一同祭拜男方公妈。

6·新娘奉甜茶，拜见公婆。

＊肖虎者不可入新房。
＊习俗上新娘出门多以米筛遮头顶，怀孕则改用黑伞。但有些地区不论新娘有无怀孕都会使用黑伞，这可能因为天气常下雨或购买上较为方便，而且伞在日后使用几率较米筛高。

完成后，新人才入新房。以前，祭拜神明祖先是在迎亲后的第三天，称为出厅拜神，今人通常在迎亲当天就进行这项仪式。

当然，这三项以神明祖先为见证的仪式，还有诸多习俗，如新娘上车后要"放扇"（意味着不将坏脾气带去夫家），在新娘车离开后，娘家父母会"泼水"，来到新郎家，由好命人"过米筛"或"撑黑伞"，牵着新娘"过烘炉火"，并"破瓦"以展现新娘"弄璋"的决心，然后来到神明厅祭祖再"进房食圆"等。至此，迎娶仪式大体完成。对新娘而言，这一系列的仪式无疑是从原生家庭脱离，从而以洁净、吉祥的过渡仪式进入婆家，再融入新的家庭。

◎食新娘茶

新娘娶到厝，家财年年富。

今年娶媳妇，明年起大厝。

婚宴后，传统有所谓"闹新娘"习俗，借由闹洞房、喝甜茶的互动，让一天忙碌紧绷的婚礼氛围得以舒缓。特别是喝甜茶，俗称"食新娘茶"仪式，一方面可以尽量逗笑新娘而具有娱乐效果，例如就有"新娘真古意，闹久新郎会生气；大家量早返，给伊两个变把戏"等诙谐风趣的四句联；同时，透过这个仪式也让新娘得以认识新家族的成员。食新娘茶，通常也会以念四句联或祝福的话中圆满结束。

❀归宁（头转客）

新人在婚后第三天回娘家，称为"归宁"、"头转客"，在第六天、第十二天回娘家称为"二转客"，满月回娘家称为"三转客"。现今社会因周末休息之便，多于结婚隔一天或隔一周归宁。归宁喜宴由女方邀请新人及其家族成员做客，众亲友也同来祝贺，成为结婚仪式的一部分。

祝寿

做寿是人生一件大事。以前医学不发达，营养较差，人的平均寿命在六十岁以下者为多，七十岁便是古来稀，因此做寿是极福气的人家才能有此机会。

据汉人传统，五十岁以上才能称"寿"。过五十岁后之后，每十年所举行的庆生仪式即为正式的做寿。至于其他非整数的生日，称"闲生日"，不特别做寿。

六十大寿称"还历"。传统历法是干支纪年，六十年刚好是十天干、十二支的一甲子大周期，也是另一大周期的开始。通常迈入六十岁称为"花甲之年"。

七十大寿，向称"古稀"。唐朝诗人杜甫《曲江》："酒债寻常行处有，人生七十古来稀。"古代，人们要活到七十岁是很稀有的事，"古稀"因而成为满七十岁的意思。

八十大寿称为"伞寿"。"伞"字是由"八、十"构成，伞寿也就是满八十岁的寿辰礼。

九十大寿称为"卒寿"。"卒"字可简写为"卆"，卒寿就是满九十岁的寿辰礼。

百岁大寿称"期寿"，因人生以百年为期。百岁的老人家称"期颐"，颐为养也，因百岁者的饮食、起居、动作无所不待于养，故而称之。

做寿通常都由儿女来为父母举行，尤其是嫁出去的女儿更不能疏忽。女儿女婿为父母做寿，通常致赠猪脚面线、红包、金戒指、衣服、布料、酒、金、炮、烛等礼品，凑成"六项"或"十二项"，以求喜庆成双。在众多祝寿品中，红龟

福禄寿三仙

粿是绝不可少的，数量要以年龄加十二来计算，且要印得大而红，在寿宴结束后分赠给宾客，让大家分喜气、添福寿。而一般金银质饰品上都会刻"福"或"寿"字，以祝贺有福有寿，致吉招祥。

祝寿的空间布置，厅堂上挂八仙彩，以喻"八仙祝寿"，有些富有家庭，挂上"福禄寿"三星的彩绣或彩绘，或者是"麻姑献寿"，同时，点上"鹤踏龟"的烛台。如此，可增添寿辰的气氛。

◎ 做三十或做三十一

台湾有"做三十"或"做三十一"的习俗，而且是由岳父母来做寿。例如，东势客家男子年满三十一岁而已结婚的，在生辰那日，岳父母准备鞋、袜、帽、布料、猪脚、面线向女婿祝寿，近年则流行做西装、打金饰为女婿做寿。有些地方，女儿年满三十一岁已出嫁者，她的父母也会准备同样的礼品向女儿祝寿，不一样的是西装换成较高级衣服，由女儿量身定做，也做女西装。

礼尚往来题词送礼

〈题词〉

　　日常生活中的礼尚往来，尤其婚丧喜庆与各类祝贺之礼等，适当的题词更能表达祝贺、哀悼、劝勉之意。约可分为庆贺类、哀挽类、题赠类等三类。

一、庆贺类：祝贺亲朋好友喜庆之事。

1. 婚嫁　　适当用语

订婚	文定吉祥	喜缔鸳鸯	盟结良缘	终生之盟	缘定三生	誓约同心
	成家之始	白首成约				
结婚	百年好合	天作之合	珠联璧合	琴瑟和谐	比翼双飞	鸾凤和鸣
	佳偶天成	金石同心	德业同修	关雎志喜	白头偕老	永浴爱河

2. 寿诞

男寿	降悬仙翁	岳降佳辰	桑弧耀彩	瑞霭悬弧	椿庭长青	灵椿益寿
女寿	王母长生	北堂萱茂	悦彩增华	星辉宝婺	萱庭日丽	慈竹长春
同寿	福禄双星	华堂偕老	椿萱并茂	寿域同登	琴瑟百年	双星并辉
一般	福如东海	寿比南山	松柏常青	松鹤延年	天赐遐龄	天赐福寿
	福星高照	福寿双全	封人三祝	箕畴五福	图开福寿	日月长明

3. 生育

生男	弄璋之喜	天赐石麟	喜获麟儿	熊梦征祥	德门生辉	石麟呈彩
生女	弄瓦之喜	明珠入掌	喜获千金	弄璋征祥	女界增辉	玉胜之喜
双生	双芝竞秀	璧合珠联	玉树联芬	棠棣联辉		

4. 毕业	鹏程万里	前程似锦	学无止境	更上层楼	青云有志	任重道远
5. 升官	荣升之喜	英才得展	步步高升	功绩卓著	袍泽永念	懋绩可风
6. 当选	众望所归	造福桑梓	为民喉舌	痌瘝在抱	份榆望重	望切云霓

二、哀挽类：凡是亲朋好友逝世时，用来表达哀悼之意。

1. 长辈

男丧	北斗星沉	泰山其颓	南极敛芒	庚星匿彩	蓬岛归真	德业长昭
	蒿里兴悲	梁木其坏	露冷椿庭	露冷椿庭	高山景行	高风亮节
女丧	北堂春去	瑶池赴召	宝婺敛芒	坤仪足式	闺范长存	淑德永昭
	蓼莪诗废	范垂巾帼	香消玉殒	萱堂露冷	贤同欧母	孟母风高
一般	驾鹤西归	遽返道山	音容宛在	英气长存	一朝千古	福寿全归
2. 平辈	壮志未酬	痛失知音	心伤益友	响绝牙琴	人琴俱亡	
3. 师长	永怀师恩	桃李兴悲	高山安仰	风冷杏坛	立雪神伤	师表千古

三、题赠类：凡向亲朋好友表达赞颂、劝勉时，馈赠时所用。

1. 名胜	江山如画	鸟语花香	世外桃源	琪花瑶草	曲径通幽	
2. 慈善	民胞物与	乐善好施	急公好义	雪中送炭		
3. 师恩	春风化雨	杏坛之光	作育英才	诲人不倦	百年树人	教泽广被

〈开业送礼〉

开业是人生事业的新起点，此时对未来充满了美好希望，店主都希望有一个好的开始，所以开业送礼主要表达对店家的祝福。

1. 送礼金

如果不知道要送什么礼物，可直接赠送礼金，而数字"八"谐音"发"，包上 888 元红包，象征发发发，祝福店家财源广进。

2．送花卉盆景

庆贺店家新开张，最常见是赠送花卉或盆栽。鲜花与植物不但可以美化环境、增加气氛、净化空气，还隐含祝福之意，如花圈、花篮等。花卉礼品等级取决于花材，制式化塑胶花较为一般，鲜花更显诚意。鲜花以当季花卉为主，繁茂且花色越鲜艳越好，如月季、紫薇等，花期长、花朵繁茂，寓意"兴旺发达"，或是大红色为主的花，代表"热闹喜气"。花枝数量以八枝为主，寓意"开张大发"。若是预算有限，小型常青植物盆栽如开运竹（竹子）、发财树（金橘）、好彩头（菜头）等，也是很好的祝福。

3．贺联、贺幛、贺匾、贺诗

在开业仪式上，赠送贺匾、贺联、贺纸等也十分普遍。贺词一般为四字句，不同的商家开业，则有不同的贺词内容，除了一些常用的吉祥词语，还可以围绕店家的特点而作，讲究个性化与特殊性，目前多为政商名流所用，或是跟店家关系十分密切的朋友才会赠送，一般会挂在引人注目的地方，不但有喜庆之意，还可使人过目不忘，招揽生意。

4．其他礼品

庆祝开业的礼品有很多，都是希望能财源广进，例如：石头造景的招财流水盆，取"时来运转"、"财源滚滚"之意。五行水晶招财树，有些以五色水晶点缀，有些单纯使用黄水晶，希望招来代表金的财运。财神爷、金元宝，祈求能带来财富。聚宝盆、聚财鸡，在故事中能使钱财越生越多。金钱蛙跟金钱鼠，传说能够叼钱回来，貔貅也是可叼钱回来的神兽，金鸡母则是会下金蛋，金龙兼具富贵祥瑞之气。日本也有招财纳福的招运猫。开业自然希望能够招聚人气与财气，所以这方面的招财摆饰可谓十分丰富。

〈开业贺词〉

1. 商店：生财有道、业绍陶朱、万商云集、新张之喜、开幕志庆、骏业崇隆、开张骏业、骏业宏开、陶朱媲美、鼎业维新、富国利民、骏业肇兴、多财善贾、宏图大展、鸿猷大展、大业千秋、大展经纶、骏业日新、源远流长、嘉惠工商、万商云集、同业楷模。

2. 医院：妙手回春、悬壶济世、良医济世、华佗再世、华佗妙术、扁鹊复生、术精岐黄、万病回春、医术精湛、济世利人、功同良相、良相良医、德施仁术、德术并优、造福患者、回生有术、医术超群、医德堪崇、仁术超群、仁术济众、仁心良术、博施济众、春回大地、杏林之光、杏林着绩、杏林春满、望隆卢扁。

3. 工厂：百工居肆、福国利民、富国之基、大业永昌、利溥三台、工夺造化、工业建国、开物成务、输巧娄明、术有专精。

4. 旅馆：近悦远来、宾至如归、贵客盈门、宾主尽欢、高轩莅止、群贤毕至。

5. 书局：名山事业、大雅扶轮、天地精华、功垂社教、左图右史、坐拥百城、斯文在兹、斯文所赖、文光射斗。

〈居室题词〉

1. 迁居：里仁为美、乔迁之喜、乔迁志喜、荣迁之喜、莺迁乔木。

2. 新居落成：良禽择木、德必有邻、乔木莺声、美轮美奂、弘基永固、华屋生辉、创厦维新、新居鼎定、堂构增辉、瑞霭华堂、堂开华厦、新基鼎定、华厦开新、地福人杰。

哀悼

葬礼是人生最后的仪礼，可说是死者及其遗族成员的通过仪式。从确认死亡开始，葬礼不仅对死者遗体要妥善处理，一系列仪式，充分体现生人对死者一种既爱恋又畏惧的矛盾；同时，也是一个亡灵转变成祖先的过程。

◈ 搬铺、属纩

死亡初步确认，并展开寿终"正寝"的告别仪式

传统观念上，寿终正寝是人生最圆满的告别式，人们都希望能留最后一口气回到家中，在自己熟悉的环境和有着亲朋好友的关怀下离开人世。

所谓寿终正寝，除了寿命长短和死亡方式要合理之外，在死亡空间的安排上，也要在象征祖灵所在地告别，意味着亡灵与祖灵的结合，这是"搬铺"最重要的意义。习俗上，当病人呈现弥留状态，便将病人由寝室移至正厅，称为"搬铺"或"徙铺"；并在病人嘴上放一块极轻薄的棉絮，称"属纩"，当棉絮停止摇动时便表示病人死亡，这是古人用来判断病人是否断气的方式。

今日，人们大半过度依赖医疗科技，在无知或默许下，病人多数在医疗体制下反复"抢救"，直至生命迹象消失，接着，多数遗体直接转入停尸间或冰柜，孤寂地等候入殓。而造成多数死者无法寿终"正寝"的原因很多，例如：小区型居家空间的不容许，卫生观念的不允许等。不过，咀嚼古人面对死亡的智慧，"搬铺"是让病者正式面对死亡，让家人准备接受死讯的到来，这不就是安宁病房或

安宁死亡的概念吗？总之，若能让病人自觉而安然地在他熟悉或受尊重的环境离开人世，应该会是比较好的处理方式。

◈ 引魂

民间相信肉体与灵魂是有区别的，所以人往生后，就算肉体崩毁，灵魂依旧存在。透过道士、僧侣的诵经，希望能带领往生者的魂魄，顺利通过阎王地府的审判，到达西方极乐世界。

引魂超度的仪式，多半是在意外死亡的现场举行。民间深信，往生者若因为意外死亡，不论大体是否已经运回丧家，魂魄还是会停留在出事地点，所以家属多半会请道士到该处超度，再将魂魄引领至丧家。

◈ 初奠：拜脚尾饭

古人把从初死到棺椁入葬之前的祭祀统称为"奠"。死亡确认后，就要在死者的脚尾供上一碗饭，饭上插上两支筷子，中央再放置一颗煮熟的鸭蛋，这叫脚尾饭。此时，还要在死者脚尾烧脚尾钱，作为死者赴冥界的费用。

脚尾饭：让他享用饱饱去！

◈ 乞水沐浴、死装束
死者旅途的遗体整装

古早时，丧家须至溪边汲取流水来擦拭广者遗体，称"乞水"。丧主来到溪边，先用钱币掷筊以确定这里的水是否能用，如果获得圣筊，就把钱币投入水中，意思

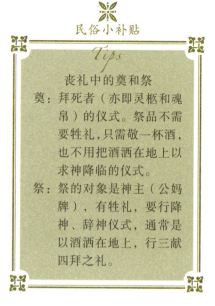

是向河神买一点流水。烧银纸、念吉祥话，再汲水返回丧宅。

乞得的水，用来擦拭死者的遗体。以前，通常由好命人用竹子夹白布浸水，做出给遗体擦拭的模样，并念几句吉祥话。不过，正式的沐浴则由子孙负责。沐是以水为死者擦拭头发与脸部，浴则是用细布来擦拭死者的身体与四肢，最后要修剪指甲与胡须，为死者净身，是希望死者能如同婴儿刚出生时的纯净。接着，将寿衣为死者套穿上，至少五层，多者有十三层，这个仪式古礼称"小殓"。套穿寿衣后，就端来一盆热腾腾的面线，面放了黑糖，丧主先吃，接着遗族们跟着吃，称为"抽寿"，亦即讨个长寿吉利。

❖ 饭含

不舍让先人空嘴饿肚离开

当确定病人气绝往生，即用石头或一沓大银纸作为尸枕，盖上水被，接着会把某类东西放进死者口中，为的是不让死者空着嘴、饿着肚子离去。古代，所放之物是依据死者地位不同而异。饭，原则是"君用粱，大夫用稷（小米），士用稻"；含，原则是"天子以珠，诸侯以玉，大夫以玑，士以贝，庶人以谷实"。常民间，饭含则是米饭或稻谷。

遮神、竖灵

与一般生活区隔的丧仪空间

前述"搬铺"时，必须用米筛或红纸遮住神明和祖先牌位，俗称"遮神"，待整个丧礼结束后才撤除。病人死亡后，随即用素色帘幕将整个大厅或客厅区隔开来，设灵位，待遗体入殓后，撤去脚尾饭，在灵柩前设置正式的灵堂。这就是"竖灵"。至此，死亡这件事实，也就从亡者转变成为家属的丧事、葬仪，直到出殡后"除灵"为止。

灵堂布置，周围会用素布盖遮灵柩，然后架灵帏、挂遗像、设灵桌，灵桌上供奉魂帛、香炉、鲜花、果品和一对白蜡烛。灵桌后放椅子，椅背披上亡者生前衣物，椅子下放鞋袜，这是让亡灵有熟悉感，或供给亡灵换洗之用。整体而言，灵柩和魂帛是灵堂最核心的神圣物，两者象征死者魂魄。

在遗体未入殓前，称为"守铺"，在入殓后未出殡前则称为"守灵"，也就是俗称的"困棺脚"。往生者的子孙，不论日夜都需要轮流在灵堂守护，主要是期望子孙晨昏定省，恪守孝道，缅怀养育之恩。竖灵期间，每天早晚都要捧水，或三餐拜饭，供往生者如生前般享用，比较严谨的还会掷笅请示是否满意，有圣笅才能收走。而守灵期间，丧家多

民俗小补贴

Tips

竖魂帛

魂帛相当于临时性的神主，通常以白布或厚纸书写死者姓名和农历生卒的年月日时，出葬时和灵柩同埋。供奉于灵桌中央，早晚接受拜饭。

会折莲花金、元宝金以为亡者祈福并作为其赴冥界费用。最忌讳让白脚黑猫跳过亡者棺木，民间迷信这会让亡者成僵尸。

入殓：天人永隔

今人所谓入殓乃古礼中的"大殓"，即扶尸入棺，俗称"归大屋"或"入木"。至此，死者肉体与亲人将天人永隔，故此仪式十分重要。

首先是辞生，家属向死者肉体做最后的瞻仰，也是死者与"生人"的最后告别，故名"辞生"。通常需准备六至十二碗食碗，包括鸡、肝、土豆、韭菜、豆腐、猪肉等，陈列于死者前。长子站在竹椅上，其他遗族跪于遗体旁，由道士或土公仔夹菜向死者作势喂食，同时口念吉祥话。

割阄，用一条长麻线，一端系于死者衣袖上，原则男左女右，遗族成员分别握住另一端，在诵经和念吉祥话后，遗族把麻线一一割断，麻线与银纸一同火化。这个仪式象征死者与遗族阴阳两隔，断绝关系往来。今日，这个习俗已演变成"乞手尾钱"的仪式，即预先在死者袖中放置钱币，取出后分给子孙，系在各人手上，又称为"系手尾钱"。

大殓就是把遗体放入棺木内。习俗中，棺底铺上一层谷草、一层黄纸、一层七星板，七星板上再铺黄绫绣花的棉褥，俗称为"铺金"，棉褥上会绣八仙过海

八仙过海：
由左至右为韩湘子、何仙姑、汉钟离、铁拐李、曹国舅、蓝采和、吕洞宾、张果老。

等吉祥图案，希望死者的灵魂能升天成仙。据说，凡是死者生前由身上脱落下来的东西，都应保留起来一起入殓，像是小殓时所剪的指甲，或是老年时脱落的牙齿，这时都必须把它们跟尸体一起放入棺内。有些人还会放入死者生前所佩戴的首饰，或是喜爱的物品当殉葬物。

最后，就是加盖封钉。传统上，父丧由族长主钉，母丧由母舅主钉，谓之"封钉"。棺钉，四个角有四根长钉，天头中间是一根缠五彩布的小钉。长钉要整支打入，小钉只略钉一下，遗族长男随即用口咬起，连同削下棺木一角置于香炉，直至出殡才火化。今日，扶尸入棺后，随即由土公仔钉钉，封钉仪式留到出殡日再进行，俗称"寄钉"。

◉ 拜饭、做七

停殡期间祭拜亡灵的仪式

以前，入殓后并不马上埋葬，停柩日期，有长达数个月，短者也要两三天到一两周，这段停柩守丧的过程，台湾人称"打桶"。打桶期间，每天要拜饭（饭菜和银纸），早晚要奉水和毛巾供往生者洗脸、洗手脚。

诵经助念：喃喃梵音飘西方！

当然，最重要的仪式就是做七，亦即每隔七天举行隆重祭拜或超度亡灵的仪式，又称"做旬"。由亡者过世之日起算第七日称头七，此后次序是二七、三七、四七、五七、六七、

七七，七七圆满要四十九天。其中，头七由儿子举办，三七是女儿七，五七是孙女侄女七，七七是做功德。今日工商社会，通常在头七或二七之后，每隔二

日即做一个七，丧期就会缩短为十九至二十四日左右。这个习俗是受到佛教影响而形成的十殿阎王之地狱信仰，因此，做七又称"过王"，带有超度亡灵通过各殿阎王的意义。

◎头七

亡灵始知道自己死亡，是夜又称"回魂夜"

传统丧葬礼俗中，头七是一个重要日子。俗以这一天亡灵才知道自己已经死亡，在外飘荡的魂于入夜后会回到生前住处见亲人最后一面，并哀哭别离，因此，丧家也会有因应的习俗。

不同地方有不同的头七习俗。有些地方认为，让亡魂看见家人会生牵挂，而影响投胎转世，因此丧家于亡魂回来前预备一顿饭菜，之后便回避，最好的方法是睡觉，睡不着便躲入被窝。不过，比较传统的做法是，丧家应在亡魂回来前哀哭，以表示对死者的怀念。因此，遗族在头七清晨便到灵堂哭悼，中午延请僧道在灵前诵经"开魂路"，接着就举行"做头七"的仪式。

❀ 丧礼的忌讳

丧礼意味着死亡，通常被赋予不吉利的忌讳。但是亲朋好友去世后，难免要参加丧礼，所以为了不要将丧礼的厄运带回自己的家，各地就产生了许多不同的习俗：

（一）参加丧礼时，身上带着艾草叶、茉草叶（小槐花）或榕树叶，丧礼后于回家路上丢弃。

（二）参加丧礼时，身上带着红包袋，里面装十元两张，回家后放在抽屉角落，现在多放百元两张。

（三）告别式会准备净符水，要离开时用树枝蘸水，洒一下额头、双手。有时也可以索取净身符。

（四）离开丧礼场所时，不需要向丧主辞别，毕竟丧主不愿意在丧礼场合"再见"。

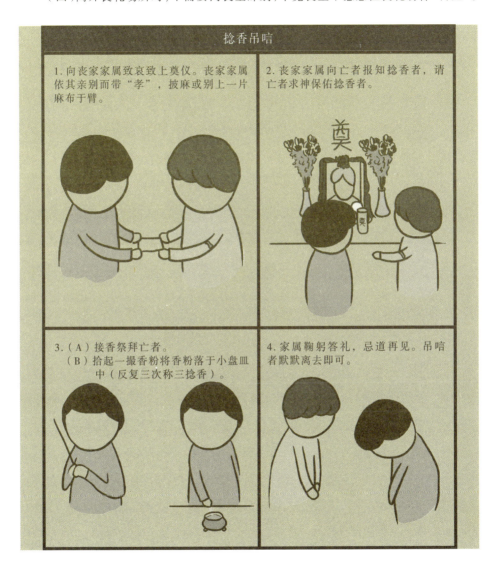

捻香吊唁

1. 向丧家家属致哀致上奠仪。丧家家属依其亲别而带"孝"，披麻或别上一片麻布于臂。

2. 丧家家属向亡者报知捻香者，请亡者求神保佑捻香者。

3.（A）接香祭拜亡者。
（B）拾起一撮香粉将香粉落于小盘皿中（反复三次称三捻香）。

4. 家属鞠躬答礼，忌道再见。吊唁者默默离去即可。

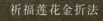
祈福莲花金折法

1. 取一张金纸对折折出中间谷线，将两边翼对折合于谷线。

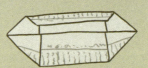

2. 将四边角向内凹折。

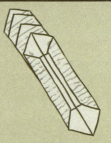

3. 三张凹折面在上（花瓣），一张凹折面朝下（花座）。

4. 将四张折纸以橡皮筋绑起呈八角状散开。

5. 先拉起单数瓣后，再拉起双数瓣，整理成莲叶状。

材料：
金纸、橡皮筋

❁ 做风水

以宇宙力量，免除鬼灵作祟或降福子孙，体现生人对死者的矛盾情结

台湾民间将营建坟墓，称之为"做风水"，亦即找到并营造一个可以汇聚"生气"、福荫子孙的能量空间。古人相信，生之"气"是万物生命的能量，人活着时，生"气"凝结在骨中；死后尸腐骨存，仍可感受大地之"生气"。子孙与父母的身体，不论生前死后都能相互感应，因此，即使死后，父母的尸骨所凝结之"生气"，仍会感应于子孙。所以，台湾人将坟墓称为阴宅，亦即亡者所住之地，且被视为风水宝地，是先人传递"生气"给子孙的能量空间，其基本构成需符合风水理论，使能具有承气接脉、制泄煞气等功用，从而福荫子孙。在此信仰下，如何找到好的风水宝地，并择取吉日营造，乃成为一门学问。

❖ 葬法

人们对死后世界的信仰，体现在对躯体的安置

◎土葬

将死者遗体直接埋葬于土中

死曰鬼，鬼者归也，精气归于天，肉体归于地。天为父、地为母，因此，土葬体现人们把死亡视为回归天地的一种信仰，复以风水的观念深入民心，入土为安，也就成为人们处理死亡的最高原则，土葬也是以前台湾最常见的葬法。

◎拾骨葬

二次土葬的葬法

俗称"捡骨"。台湾传统习俗认为，尸葬为凶、骨葬为吉，所以，尸体埋葬数年，待其腐烂之后，会选择黄道吉日，将先人坟墓打开，捡拾清洗骨骸，将骨骸以及陪葬品一起放入金斗瓮中，同日或再择日安葬。专门以此为业者，称"捡骨师"。

捡骨前，会先准备金斗瓮，其中放置木炭七斤、丝绵一小块、红布袋四个、红布、红丝线、红银朱、新毛笔，若是女性亡者还会准备乌巾、春仔花。先烧香祭拜亡者，于良辰吉时开坟掘棺，捡骨由头骨开始依序捡拾，摆放于地上，以毛刷清理骨骸并擦拭干净，经过曝晒处理过后，装入金斗瓮中，放置顺序是先放入下半身，再放入上半身，以木炭支架固定骨骸。

二次安葬时，有些直接原地安葬，或是夫妻合葬一起，甚至葬于家族坟墓之中。

◎火葬

将遗体火化成骨灰，或藏或埋来安放

印度教、佛教盛行火葬。中国汉代时，佛教传入后，僧侣火葬的习俗也跟着传进。

据说修行高深的僧人，火化后会出现舍利子，连同骨灰收入骨灰坛，安奉于佛塔，成为佛教建筑的重要象征。佛教普及后，火葬也走入常民社会。日据时期，台湾总督府即设置火葬场，鼓励火葬。今人火化的骨灰多埋葬于土中，或供奉在纳骨塔，少数供奉在自家神龛。

◎水葬

水葬又称海葬。水葬原盛行于以水为生的民族，他们把江河当作民族生命的起源与归宿，或始于部分岛屿人们靠海维生，对于大海有崇拜之感。一开始是直接将尸体抛入海中，今人则先将遗体火化成骨灰，将装有骨灰的骨灰盒抛于海中，或直接把骨灰撒向大海。根据法令，距离陆地6000米以外的海域才可以进行海葬。

◎树葬

将死者骨灰磨碎成细粉，约两厘米以内，装入特制骨灰罐中，再埋入树木根部，也有将骨灰直接埋入树下的安葬方式。根据植物的不同，也有"草葬"、"花葬"等名称。

台湾地狭人稠，土葬占地大，渐不被人们接受，火葬取而代之。现代人对于死亡有其看法，葬法也有转向合乎自然环保概念的趋势，海葬、树葬，甚或天葬，死后不立碑，都有可能成为未来主要形式。

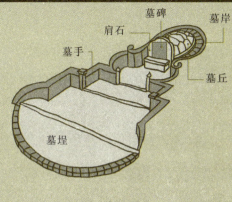

墓碑
肩石
墓手
墓岸
墓丘
墓埕

传统坟墓的主要样式，俗称椅子坟、交椅坟或龟壳墓等，契合"藏风纳气"的风水理论，因而构成人们对传统坟墓样式的关键象征。

墓堆坟，不立碑牌，有如土馒头的一抔黄土。这是土葬的原始形式。

祖塔，收存大量祖先的骨瓮，集中祭祀。这是 20 世纪 60 年代以后形成的。

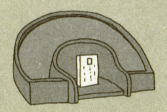

交椅坟或龟壳墓，有墓碑。这是长久以来，土葬的坟墓样式。

纳骨塔，安放骨灰的格栅。近十数年蔚为潮流。

葬礼仪式：告别遗体，接引亡灵成为祖先来祭拜的仪式。

● 奠礼

转棺：葬礼时辰一到，在僧道引领下，把灵柩移到户外搭设的奠祭堂。

家奠：俗称"起柴头"，是遗族上奠的仪式。依照族亲关系，由亲而疏，分批上奠。

公奠：故人之友或丧家友人于家奠后，捻香致意。

● 发引

封钉：以前，这个仪式是在入殓时举行，今日则在奠礼后。僧道诵经后，用四根钉子钉上棺材盖，同时念吉祥话。最后钉下的钉叫"子孙钉"，只轻轻钉一下，然后由丧主用牙拔出来，连同从棺材削下的一小块木头，一起供在灵堂香炉，直到丧期满，才能丢弃。不过，今日的封钉礼都是形式化而其吉祥而已。

旋棺：丧家在僧道引导下，绕灵柩三周，以示对亡者的不舍。

绞棺：将棺木缚上担架，盖上棺罩。

葬列：以灵柩为主的送行行列。

谢步：葬列行至一小段路后，丧家回头向亲朋婉谢送行。

● 落葬

入圹：灵柩到达墓地，僧道诵经后，在棺木穿凿气孔"放栓"，使棺内尸体能与土气相通。随后，灵柩放入圹穴，孝子撒土入圹，表示亲手葬其亲。

点主：所谓"主"是指神主，是由僧道或显达人士持毛笔点引灵魂进入神主的仪式，好让子孙迎回家祭拜。

祭墓：将神主置于坟上，供五味碗、发糕、饭、酒、银纸等，道士举行简单的诵经仪式，子孙及所有送葬者到墓前燃香拜坟。

返主：恭请神主返家供奉。

● 除灵、脱孝

安灵：在僧道诵经后，将神主供入祖先神位旁，接受祭拜。

除灵：于尾旬或百日或对年时撤除灵桌。今人多于安灵后即除灵。

合炉：于对年那一天，将神主合祀于祖先牌位。

脱孝：以前三年才能脱孝，今人多于合炉做对年时即脱孝。戴孝期间，丧家节庆不能做粿、包粽子，仅由亲戚馈赠。

第❸章 日常生活篇

现代社会的变迁越来越快，不过，传统诸多生活中的习俗依然被遵循着。其中蕴含的先人的生活智慧，值得我们省思与学习……

趋吉避凶

吉凶意识是古老的观念。日常生活中，古人为了去除不好的凶兆，因而派生出各式各样的仪式或禁忌，期能趋吉避凶。

◈ 动土仪式

压除土地煞神，祈求平安、繁荣

动土是祈求顺利开始，有慎始之意。上梁是感谢大功告成，有完满之意。

通常兴建一栋日常生活的建筑物，于正式开工前会举行动土仪式，向神明祈愿工程作业平安、建物永固以及建筑物长久的繁荣。

动 土 仪 式

在建筑预定地竖立一根木柱，通常漆成红色，又称"祈愿柱"。在木柱上一面以黑字书写工程名称，另一面则书写动土日期，两两成对，四面都要书写。柱子上绑上四条红色的旗子，延伸至四个方向，柱子下则堆置梯形的实土。在其前方摆设供桌和祭品，焚香祭祀；更

民俗小补贴

Tips

破土仪式
动土是指兴建阳宅的开工仪式；破土则是指兴建阴宅工程的开工仪式。

为隆重者，还要请道士诵经加持。祭拜完成后，主持动工仪式的主事者以锄头或圆锹，铲起泥土覆在祈愿柱四周，仪式就完成。这样的仪式主要是为了避免因触怒土地神而引起灾难，也是自古以来对自然崇拜的重要仪式。

❧ 上梁仪式

兴建家屋的谢神仪式

梁、柱是一栋建筑物的主要结构，特别是屋顶的主要横梁，亦即栋梁，乃是最重要的结构物。当栋梁安置完成后，也就意味着建筑物结构体大功告成，是建筑工程最重要的进程，因此，安置栋梁也就具有象征性的意义。上梁仪式是进行祭拜仪式之后，将梁中央以丝红线绑上大百寿金或以红布覆盖，答谢神明在最关键的时刻，保佑工程顺利完成。

◎ 入厝仪式

● 择日搬家：入新厝的搬家是件大事，先择良辰吉时，开始进行新家具的搬迁工作。

● 准备七宝：准备柴、米、油、盐、酱、醋、茶七宝，以及日常用品，贴上红纸，

告知无形的神鬼，已经有人要入住了。

● 放置钱币：准备一些钱币，进大门时要喊道："双脚踏进来，富贵带进来。"将硬币放置于屋中角落，祈求带来财运。

● 祭拜门神：贴上门神的图像，代表这户人家已有门神看顾。此乃古早时期做法。

● 慎终追远：安置好祖先牌位，祭拜祖先，告知祖先已经搬入新家，祈求保佑全家平安。

● 吃甜汤圆：代表全家团圆。

● 拜地基主：入厝傍晚时，准备白饭、素菜、鸡腿或小牲礼、金纸等物祭拜地基主，并告知地基主，这里已经有新的搬入者，祈求神明多多保佑。

● 安床：准备十元硬币，洗净擦干后，一手拿五个，祈求十全十美，并将硬币撒放床下。

神荼（左）、郁垒（右）二门神

● 祛厄祈福：如果有信仰的神明，可以请进屋内巡视一趟，将不好的东西驱赶出去，并燃放鞭炮消灾纳福。

● 围炉请客：邀请亲朋好友并宴请大家一同庆祝，使房子内外都能人气旺旺。

◈ 安太岁

太岁原是守护神，在"冲"、"犯"避讳文化下变成凶神

木星因绕行天球一周为11.86年，接近十二地支的循环，而被古代中国人称为岁星。战国时期，有所谓"岁星纪年法"，就是以岁星为基准的占星术推算。不过，岁星与地支的误差令古人颇为困扰，往往造成占星术不准确。为了避免误差，占星家们设计了太岁这个虚拟星体，以作为"太岁纪年"的主体。太岁每年行走三十度（一辰），十二年绕行天球一周，如此就可以更准确地用来纪年，结合后来的干支纪年法，沿用至今。

太岁既然是周天运转的中心，从而被神化为君王的象征，因此，太岁是尊贵之神，其所在之向也是尊贵吉利。然而，庶民在传统避讳的文化下，反而必须避开太岁，以符合上下尊卑的阶级意识。后来，在命理学的解释下，大体形成"与太岁相顺则吉，相逆则凶"的原则。如今，太岁的吉神面向几乎完全被忽略，而成为一个凶神了，以致每逢太岁年，就必须安太岁。

以前，民间安太岁的仪式相当简易。通常于春节前后，以红、黄色纸书上"本年太岁星君到此"或"本年太岁星君神位"或"一心敬奉太岁星君"之类字样，贴在家中，晨昏焚香礼祷。年底送神日，祭拜一番，将纸撕下，与纸钱、纸马一同焚化，送神上天，即可。近年来，安太岁仪式繁复化，演变出各种专门的太岁符咒、牌位，甚至神像。在现代忙碌社会，产生出让庙方代为每日祭祷的方式，多数信徒缴纳一定费用，将安太岁仪式委由寺庙代办。甚至部分庙宇发展出所谓正冲、对冲、左右偏冲，形成一年就有四个生肖需安太岁的说法。

❖ 收惊

安顿受惊吓的魂魄，亦是舒解压力、寻求精神的慰藉

传统上，人们认为生命是由三魂七魄所构成而运行的。日常生活中，若不慎冲犯到凶神恶煞，魂魄受到惊吓而失衡，身心容易生病。收惊就是为了安顿失衡的魂魄所进行的仪式。不过，今人收惊的原因日趋多元，例如：希望得到神明的祝福、为自己和家人祈福、感受庙宇的宗教气氛、拜拜时顺便收惊、事业不顺，以及舒解压力、寻求精神慰藉等。1995年"内政部"有关宗教和民俗的调查，收惊是人们向神坛求助的第一名。

收惊的方法不止一种，因地方传统习俗及师承的不同而有所差异。以前，只要是道士或吃斋、信佛的人，大多懂得这门学问，同时也是实施仪式的收惊者。一般受到惊吓的人须备白米（表示收魂归魄）及其洁净衣服（主要使魂魄有所归附之凭依，亦表示完满之意）、金纸、祭品（用以答谢神明），由家中长辈在正厅拜请神明做主，来收回失散的魂魄，才得以恢复元气；抑或是由邻里乡亲帮忙解厄消灾，不收酬金。

收惊：三魂六魄复归精神定！

事后,受惠者都会赠送小小礼物作为答谢,但也有少数职业性收惊者。今日,往昔在家里正厅举行收惊仪式的情形几乎消失,职业性收惊者成为普遍的形式。

❖ 求签

一场与神明的对话，同时也是自我的对话，达到某种心灵的咨商

求签就是向神明求取圣签，又叫抽签，是台湾民间信仰中神人沟通的方式之一，

也是神与人最直接、最简单的互动。形式上，只要向神明点香拜拜，说明来意，即可以掷筊方式求签问事。求签时先抽出签，连续三次都掷出圣筊，才能确定神明确实属意该签。若无则必须重新抽签并掷筊。

签，约可分为运签和药签，运签上通常写有编号，求取运签后再至签诗橱查找对应的签诗。签诗一般为七言绝句，内容多假借历史人物、民间传说或前人诗词等，用以指示未来的吉凶祸福，或是行进举止需注意之事，若对签诗有疑问，庙中会有主事或解签员供求签人解惑。

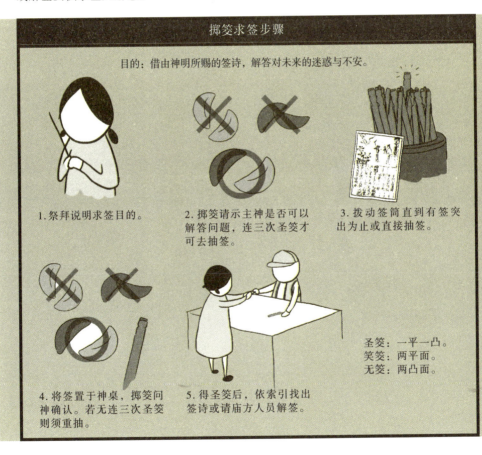

掷筊求签步骤

目的：借由神明所赐的签诗，解答对未来的迷惑与不安。

1. 祭拜说明求签目的。

2. 掷筊请示主神是否可以解答问题，连三次圣筊才可去抽签。

3. 拨动签筒直到有签突出为止或直接抽签。

4. 将签置于神桌，掷筊问神确认。若无连三次圣筊则须重抽。

5. 得圣筊后，依索引找出签诗或请庙方人员解签。

圣筊：一平一凸。
笑筊：两平面。
无筊：两凸面。

❀ 改运除秽

当人生遇到种种困境，身体遭到疾病侵害，面临事业、学业不顺状况时，人们会想要改运解厄。

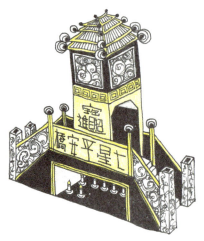

七星桥：点灯桥下灾厄除！

改运仪式，通常使用纸人或草人当作一种替身，有男女之分，道士进行改运仪式时，会请改运的人在纸人上呼一口气，代表将人身上不好的厄运转移到纸人身上，代替活人受过。使用过的纸人，会以火焚烧，表示已将厄运送走。如果需要改运的人不在或行动不便，家人也可以拿着需要改运的人所穿过的衣服，代为举行改运仪式。

过七星桥亦是常见的改运消灾的仪式之一。七星桥又称平安桥，通常是一座有栏平桥或拱桥，上下各做七阶，象征七星，桥面样式依五行五方画有五色青、红、白、黑、黄，或是采用全黑，取北方玄武之意，近年来也采用红色，有吉利之意。桥头入口处为龙门，桥尾出口处为虎门，有"入龙喉、出虎口"之意，入口或出口处各置一个火炉，让人跨过，具有祛厄辟邪之意。桥下则依北斗七星的方位排列七盏火炉或蜡烛，斗柄朝北，两旁陈列着小三牲，即豆干、猪肉、鸡蛋，以及鲜果、酒等食物。桥头用熟食祭祀神明，桥尾用生食祭祀星神。

❀ 开市：祈求好彩头

在商店开业时，会进行祭拜的仪式，往外祭祀各路神明，往内祭祀地基主，供品准备三牲、鲜花、素果、金纸等，店内会挂上彩球，象征张灯结彩，摆上亲友们赠送的花卉盆栽，在良辰吉时祭拜之后燃放鞭炮，开张大吉。

◈忌讳的数字和语汇

　　汉字在语音上有一音多义现象，使得语言具备了丰富的联想特征。一些基本的语言单位（词）往往会成为某种精神象征的媒介物。如：丁一的发音可以是夕、汐、稀、溪、悉等。早期人类科学思维不发达，人们总是把生活中种种不如意、不吉利的现象归因于某种自然物或自然现象，随之对其产生禁忌心理。或者相反，对其产生崇拜心理。禁忌心理和崇拜心理表现形式虽然不同，它们的发生机制是同出一源的，这样的心理也影响到人类的语言生活。为了避免这些象征心理意义的音或词，人们不是转换一个音或词，而是人为地树立起一个吉利的心理标签，这就是"避讳"的语言文化现象。例如：唐太宗叫李世民，后人多忌讳用"世民"为名。"箸"是今日筷子的原始称谓，后船家以"箸"和"住"同音，恐怕影响航行，因而改称"筷子"，沿用至今。

　　除此之外，也衍生出对于该不祥的音或词，采取"做或不做"的某些相应行为，从而形成一种文化现象。例如：逢九吃乌九糜（粥）。台湾人很忌讳"九"这个数字，特别是年龄岁数逢九，就会格外注意。因此，岁数逢九，例如二十九岁、三十九岁那年，就会在元月二十九日这天做一些乌九糜分给邻居们帮忙过九。乌九糜是由米、马薯荸荠、冬瓜、红枣、柿饼、花生豆仁、果饼、福肉、莲子九样甜的原料混合煮成的甜粥。又如：传统上五、六、七、九月忌婚，因为"五月差误"、"六月不会出尾"、"七月娶鬼某"、"九月狗头重，死某亦死尪"。

咬钱蟾蜍

民俗禁忌

　　早在封建时代就有避讳的习俗，《公羊传》中提到"为尊者讳"、"为亲者讳"，为了不直呼尊长的名讳，所以用另一个字来代替，民间早期的禁忌就是由此衍生。基于不亵渎所尊敬的事物，也为了避免接触不吉利的事物，民间遂产生了许多禁忌。老祖宗所传下来的禁忌不尽然是无稽之谈，有些禁忌仍有其道理存在，值得思量。

	禁忌	缘由
节俗	过年如果打破碗盘、玻璃等物品，要用红纸包起来，口说"岁岁平安"。	凡事都希望有好的开始，一过年就打破东西怕会有不好的预兆，所以要将不好的转为好的兆头。
	七月时小孩子不可以到海边戏水，传说海边常有水鬼拉人当替死鬼。	农历七月属于炎热的夏季，多至海边玩水消暑，但七月不但有台风还是农忙时期，小孩戏水乏人照顾，导致常发生溺水意外。
数字	好事常使用双数，如包红包；丧事常使用奇数，如包白包。	期望好运双至，避免祸不单行，但"四"与"死"谐音。数字"八国"语谐音似"发"，有发财、吉利之意；闽南语谐音同"别"，则有分别、不祥之意，避免在婚礼场合使用。
	大楼建筑会跳过四楼，三楼往上为五楼，如果四人至餐厅用餐会改说三加一位。	"四"与"死"谐音，为了避免日常生活将死挂在嘴边，不是跳过四的数字，就是用其他数字取代。

禁忌	缘由
吃饭 碗内的饭菜要吃干净，不然会"娶猫某、嫁猫尪"。	农夫耕种辛苦，粮食得来不易，要人多珍惜米饭。
乘船出海者，忌讳吃鱼时将鱼翻面，会将鱼骨取出后再食用。也不能说盛饭，要说装饭、添饭。	"翻"字或将鱼翻面的动作易联想到翻船，而"盛"跟"沉"谐音，易联想到沉船。
怀孕 孕妇不能动针、剪刀，不能搬物，房内不能钉物、穿凿墙壁，甚至整修房屋。	针与刀属于利刃，怕会使孕妇受伤，而搬重物容易流产，家中整修的噪声也易使孕妇无法安心待产。
俗语说："有借人死，无借人生。"忌讳孕妇在娘家生产，但是可以坐月子。	一般将丧事归于坏事，生产归于好事，但是若借人办丧事则能扣除家中的霉运，若借人生产则会被取走家中福气。
行业 丧葬业、医院等相关行业，客人离开时不能说"下次再来"，在拜拜时不能拜菠萝。	希望对方不会再遇到丧事、疾病，不拜菠萝则是不祈求生意兴隆，也是期望丧事、疾病能越少越好。
道别 参加婚礼或丧礼后，不能互道"再见"，要改说"恭喜"或"保重"。	婚礼后不能说是忌讳重婚，丧礼后则是忌讳丧事继续发生。

食在有福

食是福。传统台湾，人们将"食"视为人生幸福的重要指标。然而以前，平日三餐难得美食，只能逢年过节、喜庆拜拜，才能享受较为精致化的食物，从而发展出具有台湾特色的料理。

◈ 办桌

台湾料理精进的重要源头

办桌，原指富有人家邀请专业厨师举办宴席的形式，后来成为台湾常民宴客的主体，从而是台菜发展的重要源头。

结婚宴	这是一生中最重要的宴席，菜肴数量成双，并以吉祥文字命名。鸡、鱼、肉等是一定要入菜的材料，鸭则不行；若有鱼翅、燕窝、海参则是最丰盛的象征。通常第二道菜是总铺师的手路菜（拿手菜），从而发展出精致的台菜，最后则以鱼丸汤、甜汤等收尾，象征婚姻美满、甜甜蜜蜜。
满月宴	"麻油全鸡"常是主题菜，使用含有内脏、鸡血的全鸡，等于是鸡的里外兼具，有"完整"的含义，意喻小孩长大后会文武双全、十全十美。
长寿宴	以"蹄膀寿面"为主题菜，面线代表长寿，蹄膀则表示强壮。
新居宴	第一道菜起鸡（家），第二道菜是汤圆（团圆），最后一道菜不可用丸类。
来生宴	除了感谢治丧期间前来帮忙及慰问的亲友外，也隐含家中已扫除晦气，有干净之意，闽南语称为"散饭"。肉是第一道，切成三角形肉，称为"三角肉"（意为菜色不好不多，不能让你吃得满意），也委婉告知宾客，主家并不希望办这种宴席。丧事菜数一定是奇数。

早期，台湾常民阶层饮食普遍粗糙，纵然过年过节也只是由妇女自行烹调。大约在20世纪30年代，常民间才出现由擅长煮菜的村民帮忙掌厨、客人自己端菜上桌的宴会形式。此后，宴席餐饮逐渐开始分工、专业化，20世纪70年代以"总铺师（掌庖师）"为首，专门承揽包办宴席之饮食业者才完备化，办桌遂成为台湾常民宴席的代称，发展出今人所熟悉的宴会形式与台菜料理。

◎杂菜

从"菜尾"而来的本地美味

办桌筵席结束后，通常会留下一些吃不完或刻意留下来的菜肴，以前主人家会请总铺师统筹烹煮过，再分享左邻右舍和亲朋食用，而成为宴席后一种令人回味的菜肴，称为"菜尾"，充分体现台湾人惜食的文化。近来，"菜尾"被发展成杂菜，逐渐成为一道台菜美食。

◎烤乌鱼子

历史最悠久的本地料理

办桌第一道菜通常是冷盘，其中烤乌鱼子是不可或缺的珍馐。早在17世纪初期，乌鱼已经受到台湾人的重视，而后成为南台湾最重要的渔获，乌鱼子则是台湾历史最悠久也是最本土的食材，这道菜可说是最具台菜象征意义的菜色。

民俗小补贴

Tips

粿：米食文化用来礼敬神明、表达谢意的最具代表性食品

包粿

用糯米做成外皮，内包馅料，并以粿印制作成形。传统甜馅料是花豆、花生和绿豆，日据时期引进红豆馅；咸馅则有葡萄干、咸菜、豆干及蔬菜等。这是台湾人用来礼敬神明最重要的祭品，也是送礼最佳礼物。

床粿

蒸好即可食用的粿，如甜粿和菜头粿，以蒸笼（笼床）来模型。床为量词，早期会说"炊一床粿"。

乌鱼子做法

① ② ③ ④

材料：
生乌鱼子

做法：
① 清洗鱼子，并将鱼子切开的地方封好，避免压制时，鱼卵会流出。
② 用盐巴腌渍乌鱼子，具有杀菌去腥、保持美味、长期存放等优点。
③ 用阳光晒干乌鱼子，为了干燥均匀，曝晒时必须常常翻面。
④ 用石头压制乌鱼子，使乌鱼子的外形美观、质地结实，更加美味可口。

◎鱼丸汤

台湾是环海大岛，渔产丰富取材方便，造就鱼丸是台菜的特色料理。传统办桌宴席上，鱼丸汤是最后一道主菜，象征圆满，也意味主菜全部结束。

仲夏吃西瓜

✦ 筷子使用的忌讳

台湾人是以筷子夹取食物来进食，执筷的方式，通常以大拇指和食指捏住筷子的上端，另外三个手指自然弯曲扶住筷子，并且筷子的两端一定要对齐。使用过程当中，用餐前筷子要整齐放在饭碗的右侧或左侧（左手运筷者），用餐后，要整齐地竖向放在饭碗的正中。以下十种筷子的使用方法，因语言和肢体的关系形成一种禁忌，应特别留意。

三长两短

用餐前或用餐过程当中，将筷子长短不齐的放在桌子上。这种做法是大不吉利的，通常被叫作"三长两短"，意思是代表死亡。因为以前棺木是由前后两块短木板，两旁加底部共三块长木板所构成，五块木板合在一起做成的棺材正好是三长两短。

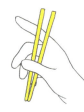

仙人指路

用大拇指和中指、无名指、小指捏住筷子，而食指伸出。这种做法也是极为不能被人接受的。毕竟在吃饭时食指伸出，像在不停地指别人，而带有指责的意思。

品箸留声

把筷子的一端含在嘴里，用嘴来回去嘬，并不时地发出嘬嘬声响。吃饭时用嘴嘬筷子本就是一种无礼的行为，再配上声音，更是令人生厌。如此行止会被视为是一种下贱的表现。

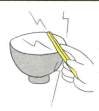

击盏敲盅

用餐时用筷子敲击盘碗，这种行为被看作是乞丐要饭。

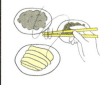

执箸巡城

手里拿着筷子，旁若无人似的用筷子来回在桌子上的菜盘里巡找。此种行为是典型的缺乏修养之表现，且目中无人，极其令人反感。

执箸刨坟

手里拿着筷子在菜盘里不停地扒拉，仿似寻找猎物，就像盗墓刨坟一般。这种做法同"执箸巡城"相近，都属于缺乏教养的做法，令人生厌。

泪箸遗珠

用筷子往自己盘子里夹菜时，执箸不利落，将菜汤流落到其他菜里或桌子上，不仅失礼也不卫生。

颠倒乾坤

用餐时将筷子颠倒使用，会让人有饥不择食的印象。

定海神针

用餐时用一根筷子去插盘子里的菜品，这也是不行的，会被认为是对同桌用餐者的一种羞辱。

当众上香

不能将筷子插在饭上，因为唯有死人"脚尾饭"才如此。

住有学问

大厝是台湾汉人宇宙观的具体写照，在满是拟人化的宅体空间想象中，体现天人合一的思想。

台湾汉人主要民居是以阴阳和风水观来择宅定位、空间规划。其中，生生之"气"被认为是影响人们健康和运势的主要能量，而且，"气，乘风则散，界水则止"。

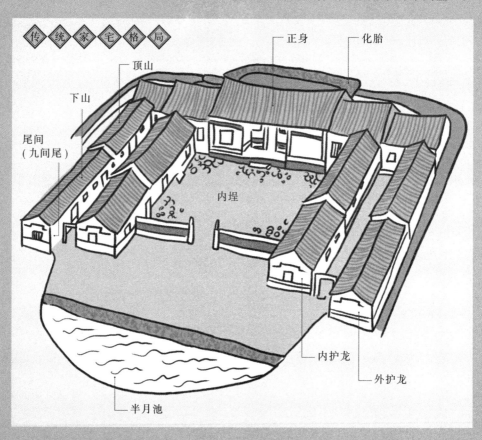

传统家宅格局

正身　化胎

顶山

下山

尾间
（九间尾）

内埕

内护龙

外护龙

半月池

换言之，绝佳的住宅空间形式是要能"藏风"，才能"纳气"；住宅前面有水，更能聚气。在此建筑的指导准则下，坐北朝南、前敞后实、左右包合的三合院建筑，乃是传统最具代表性民宅。

台湾传统民居主要是由厅堂和厢房所组成，其名称通称为："正身—护龙"、"厝身—伸手"。虽然两者用语有些差别，却同样是以"身体"作为指称想象的依据，甚至整个建筑宅体的概念源自身体的模拟，如建筑的开口部比拟为人之五官。依此，窗口为眼、视门为口，而正厅三间为头部，末端两端之五间，视为肩膀，至于两侧护龙则视同双手，屋顶为帽。这种将空间与身躯的模拟，无疑是"天人合一"下的一种拟人化宅体的空间想象。

❖ 正厅
传统居家生活的神圣空间

正厅，即主要或居中的大厅。传统上，人们认为这里是人与神明或祖先"沟通"和心灵交会的场所，因此，无论是重要节庆或生命礼俗的祀神祭祖，以及商讨家族重要大事，都会在正厅举行。

❖ 神龛
传统民宅里象征神明和祖先之物

神龛就是正厅神桌上供奉神明或祖先的橱柜或神圣空间，福佬人和客家人不相同。福佬人的神龛正中间供奉神明彩（又称观音彩），右侧供奉祖先牌位。观音彩原本无一定格式，有单绘观音像、观音和善才龙女像，以及绘其他神祇等。随着印刷技巧进步，绘像图案渐趋一致。比较常见的观音彩约分为三段。

上段画观音佛祖，以岩石紫竹为背景，两旁为善才、龙女，立在水波之上。中段为妈祖，着朝服坐龙椅，手执笏板，两旁宫女为侍。下段为灶君和土地公。至于客家人的神龛通常只供奉祖先牌位。

◈ 兽牌

兽牌是一种以神兽为主要纹样的辟邪、镇煞之厌胜物，通常用于传统建筑物的门楣上，回避因方位不佳或各种外在所导致的宅煞，祈求镇宅平安。

兽牌以狮头牌最常见，因狮子是百兽之王，亦为佛教中之祥兽，具有祈福镇煞的能量，民间做法常以狮头衔咬七星剑形式，故称"剑狮"。剑狮上加八卦图案即为"八卦剑狮"，八卦图两旁再加一对蝙蝠，即为"双福八卦剑狮"。

剑狮口中所咬的七星剑方向不同，也具有不同的意义。由左而右表祈福，由右而左表辟邪；若是咬双剑则是为了镇煞。

客家人的神龛

蝠沿八卦图

Tips

分金线和合砖

分金线意指传统房屋的中轴线，主要是决定吉利的方位，从而决定格局配置、尺寸计划和建筑形态等。因其重要性，主人家会委由地理师依据风水来决定。分金线决定后，会于线轴上预定为正厅神龛的位置，将两块方砖，采垂直方向，即成"丁"字，平放在线轴的端点上，即为"合砖"。合砖的位置通常就是正厅神龛的正中间，亦即传统屋宅的核心，人们也多赋予合砖神秘、神圣的想象。所以，当正厅要变更为其他用途时，必须请举行仪式，并将合砖取出后，才能放心使用。

住有学问

西螺泰山石敢当

石敢当

石敢当是传统用来驱邪之立石，全台各地都有这种习俗。其所竖立碑石的地点以交叉路和丁字路口等路冲处最多，池塘、河岸、渡船头、墙角、屋后、桥头等也不少，其功能包括辟邪、止煞、镇水等。

石碑上通常刻有"石敢当"、"泰山石敢当"或"阿弥陀佛"的字样，在碑额上还有狮首、剑狮或虎首等浅浮雕，以及文字厌胜做法。例如：云林西螺的泰山石敢当主要是镇水，除了刻有剑狮的浅浮雕之外，石碑上的刻字，"泰"字上的"水"就少了一点，而"石"字却多一点。"石头多一点，水少一点"，就是一种以文字厌胜的观念来镇水的做法。

辟邪物						

回避空间的冲煞

汉文化的传统宇宙观将天、人、社会视为一个和谐的整体，而将不和谐的事物视为社会的禁忌。对于禁忌的事物或者采取消极的回避，或者采取积极的克制，或者也采取从禁忌转化为神圣的方式。传统家宅辟邪物包括以下几类：

中梁辟邪物	八卦图
屋顶辟邪物	瓦将军、瓦镇、烘炉、笔架山、符水钵
门楣辟邪物	兽牌、八卦、山海镇、倒镜、姜太公符、神明符、八仙彩、神明旗令
屋角辟邪物	石敢当、石狮爷（风狮爷）
屋埕辟邪物	照墙、刀剑屏、葫芦
其他辟邪物	马背、门神

传统民宅建筑赏析

　　一条正脊、四条垂脊结构成台湾传统民宅的屋顶构架，并在两个坡面的两端，交结成曲脊。曲脊又称归头，有收归正脊和垂脊交接于一端头之意，客家人称之为栋头，取栋梁两端之意。燕尾、马背和瓦镇都是曲脊的变化装饰，传统上具有社会与信仰的意义，同时也是建筑物视觉上的焦点。

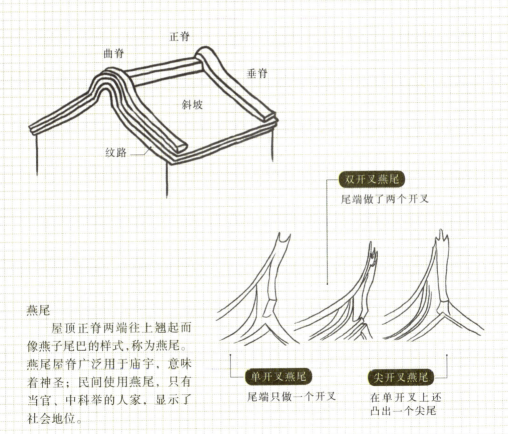

曲脊　正脊　垂脊

斜坡

纹路

双开叉燕尾
尾端做了两个开叉

燕尾

　　屋顶正脊两端往上翘起而像燕子尾巴的样式，称为燕尾。燕尾屋脊广泛用于庙宇，意味着神圣；民间使用燕尾，只有当官、中科举的人家，显示了社会地位。

单开叉燕尾
尾端只做一个开叉

尖开叉燕尾
在单开叉上还凸出一个尖尾

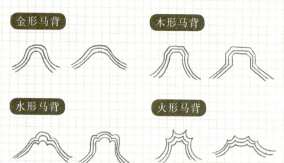

金形马背　　木形马背

水形马背　　火形马背　　土形马背

马背

　　曲脊（归头、栋头）的样式呈现圆角形状者，称为马背。马背的使用没有一定的社会规约，传统民宅都用之。

几何形瓦镇

梅瓣形瓦镇

三瓣

五瓣

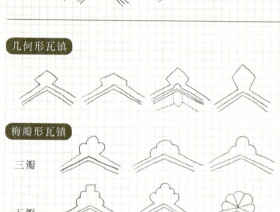

瓦镇

　　瓦是压瓦，镇是镇邪，瓦镇是传统民宅屋顶瓦片上的镇邪物，约可分为几何形、梅瓣形两大类。如同日式建筑屋顶上刻画着鬼脸、兽纹的鬼瓦，具祛邪避煞和装饰等功能。

悬鱼

　　两垂脊和侧壁所构成的墙面称为山墙。山墙上头的形状会随着曲脊和垂脊而变化，其装饰物更影响屋顶的美观，悬鱼乃最具关键。

　　悬鱼因图形原以鱼形为主而得名。鱼为水中之物，象征水，具有防火之意。后来，悬鱼不再只是鱼的样式，随而演绎出各式各样具有趋吉避凶和装饰之效的图案。悬鱼的做法因硬山顶或悬山顶而有差异。悬山顶悬鱼通常只作几何形变化，较为普遍，只为遮丑，装饰意味不浓；硬山顶悬鱼是一种在山墙面的浮雕装饰图案，装饰文化意义浓厚。

硬山顶悬鱼

悬山顶悬鱼

1. 吴瀛涛，1980，《台湾民俗》。台北市：众文图书公司。

2. 邱上嘉，2003，《传统建筑文化与保存之研究》。台南市：台湾建筑与文化资产出版社。

3. 李干朗，2003，《台湾古建筑图解事典》。台北市：远流出版社。

4. 林川夫主编，1998，《民俗台湾》第一至七辑。台北市：武陵出版有限公司。

5. 铃木清一郎著、冯作民译，2004，《台湾旧惯习俗信仰》。台北市：众文图书公司。

6. 吕理政，1992，《传统信仰与现代社会》。台北县：稻乡出版社。

7. 吕理政主编，黄金田绘图，2006，《台湾生活图历》。台北县：远足文化事业。

8. 谢宗荣，2003，《台湾的信仰文化与装饰艺术》。台北县：博扬文化事业。

9. 张君，2007，《神秘的节俗——传统节日礼俗、禁忌研究》。北京市：广西人民出版社。

10. 叶国良、李隆献、彭美玲等著，2004，《汉族成年礼及其相关问题研究》。台北市：大安出版社。

11. 高灿荣著，1989，《燕尾、马背、瓦镇——台湾古厝屋顶的形态》。台北市：南天书局。

12. 新谷尚纪监修，2008，《日本のしきたりがわかる本》。东京都：主妇と生活社。

住有学问

图书在版编目（CIP）数据

圖解臺灣民俗【熱鬧逗陣版】原著版权所有 ©2012，好读出版有限公司 How-Do Publishing Co., Ltd.

Simplified Chinese edition © 2016 by Shaanxi People's Publishing House Ltd.

All rights reserved.

著作权合同登记号：陕版图字 25 — 2013 — 015 号

图解台湾民俗：传递台湾最暖人情味 / 李文环，林怡君著；三娃，余正隆绘．

-- 西安：陕西人民出版社，

ISBN 978-7-224-11733-2

Ⅰ.①图… Ⅱ.①李…②林…③三…④余… Ⅲ.①风俗习惯 – 台湾省 – 图集 Ⅳ.① K892.458-64

中国版本图书馆 CIP 数据核字 (2015) 第 283217 号

图解台湾民俗——传递台湾最暖人情味

李文环 林怡君 著

三　娃 余正隆 绘

出 品 人：惠西平
总 策 划：宋亚萍
策划编辑：陈　晶　李向晨
责任编辑：张璐路　李向晨
特约编辑：王　丹
装帧设计：唯视觉

出版发行：陕西新华出版传媒集团　陕西人民出版社
（西安市北大街 147 号　邮编：710003）
印　　刷：北京盛兰兄弟印刷装订有限公司
开　　本：710mm×1000mm　1/16
印　　张：12
字　　数：146 千字
版 印 次：2016 年 3 月第 1 版　2016 年 3 月第 1 次印刷
书　　号：ISBN 978-7-224-11733-2
定　　价：38.00 元